Roger Poudrier

LE PÈRE SERA TOUT EN TOUS

L'universalité du salut

MÉDIASPAUL

Les Éditions Médiaspaul remercient le ministère du Patrimoine canadien, le Conseil des Arts du Canada et la Société de développement des entreprises culturelles du Québec (SODEC) pour le soutien qui leur est accordé dans le cadre des Programmes d'aide à l'édition.

Données de catalogage avant publication (Canada)

Poudrier, Roger

Le Père sera tout en tous

(Sève nouvelle; 77)

ISBN 2-89420-412-4

1. Dieu — Paternité. 2. Dieu — Amour. 3. Dieu — Miséricorde. 4. Salut. 5. Rémission des péchés. I. Titre. II. Collection.

BT153.F3P68 2000 231'.1 C00-940570-4

Composition et mise en page: *Médiaspaul*

Illustration de la couverture: *La création d'Adam* de Michel Ange (1475-1564). Vatican Museums & Galleries, Rome. © SuperStock.

Maquette de la couverture: *Summum Grafix*

ISBN 2-89420-412-4

Dépôt légal — 2e trimestre 2000
Bibliothèque nationale du Québec
Bibliothèque nationale du Canada

3965, boul. Henri-Bourassa Est
Montréal, QC, H1H 1L1 (Canada)
www.mediaspaul.qc.ca
mediaspaul@mediaspaul.qc.ca

Médiaspaul
8, rue Madame
75006 Paris (France)

Le Seigneur Yahvé m'a donné une langue de disciple
pour que je sache apporter à l'épuisé
une parole de réconfort.

Is 50, 4

Ne prenez pas modèle sur le monde présent,
mais transformez-vous en renouvelant votre façon de penser
pour savoir reconnaître quelle est la volonté de Dieu:
ce qui est bon, ce qui lui plaît, ce qui est parfait.

Rm 12, 2

VIVEMENT LE CIEL!

Personne ne veut mourir, et pourtant chacun tient déjà son «billet» pour le ciel. L'a-t-il mérité? Certes non! C'est un cadeau de l'inépuisable bonté du Père. Nous n'aurons pas assez de toute l'éternité pour exprimer notre gratitude. Certains penseront que c'est trop beau pour être vrai, mais c'est surtout trop vrai pour ne pas être beau. D'autres concluront que Dieu est trop bon et ils auront parfaitement raison. Notre Père céleste est plus que trop bon, il l'est infiniment. C'est vraiment le Bon Dieu. Alors autant s'abandonner sans retenue à tous les vices! La Bonne Nouvelle du salut ne nous invite pas à pécher, mais à ne plus vivre dans la peur comme des esclaves, à ne plus travailler pour le seul salaire comme des mercenaires, mais à nous comporter comme des enfants de Dieu. Si aimer, c'est vouloir du bien à quelqu'un, le Père du ciel nous veut un bien infini. Sa miséricorde est telle, qu'il ne peut s'empêcher de pardonner, il y prend même plaisir. «Yahvé, Yahvé, Dieu tendre et miséricordieux, lent à la colère, plein d'amour et de fidélité, qui garde sa fidélité jusqu'à la millième génération, supporte faute, transgression et péché.» (Ex 34, 6-7) Moïse confesse le Seigneur comme un Dieu de miséricorde. S'il punit jusqu'à la quatrième génération, il pardonne jusqu'à la millième! Il châtie les infidélités dans le but de procurer le salut. Sa miséricorde se moque de la condamnation et elle est plus grande que n'importe quel péché. Chaque être humain possède à ses yeux une valeur infinie; il l'enveloppe dans son amour rédempteur insondable. «Qui donc est Dieu pour nous aimer ainsi?» «Dans sa grande miséricorde, le Père nous a fait renaître grâce à la résurrection de Jésus Christ pour une vivante espérance, pour l'héritage qui ne connaîtra ni destruction, ni souillure, ni vieillissement. Cet héritage vous est réservé dans les cieux.» (1 P 1, 3-4) Ne perdons jamais de vue le point d'arrivée du long pèlerinage de toute l'humanité.

> Alors j'ai vu un ciel nouveau et une terre nouvelle, car le premier ciel et la première terre avaient disparu, et il n'y avait plus de mer. Et j'ai vu descendre du ciel, d'auprès de Dieu, la cité sainte, la Jérusalem nouvelle, toute prête, comme une fiancée parée pour son époux. Et j'ai entendu la voix puissante qui venait du Trône divin; elle disait: «Voici la demeure de Dieu avec les hommes; il demeurera avec eux, et ils seront son peuple, Dieu lui-même sera avec eux. Il essuiera toute larme de leurs yeux, et la mort n'existera plus; et il n'y aura plus de pleurs, de cris, ni de détresse; car la première création aura disparu.» (Ap 21, 1-4)

Alors même les lâches, les renégats, les dépravés, les assassins, les impurs, les sorciers, les idolâtres, les athées, enfin tous les pécheurs que nous sommes auront obtenu le vêtement de noce, don gracieux du Dieu des pardons, du Père des miséricordes. Le Tout-Puissant ne donnera pas libre cours à l'ardeur de sa colère, car il est Dieu et non pas homme. Il ne veut pas condamner, mais pardonner. Son amour est aussi grand pour le dernier des chenapans que pour la plus sainte des moniales. Il nous regarde avec tendresse quand nous faisons un pas en avant et même quand nous en faisons un en arrière. Son affection paternelle nous permet de toujours repartir. Il nous aime toujours le premier et toujours sans réserve. Il tient chacun par la main et ne le lâchera jamais.

L'essentiel de la Bonne Nouvelle est tellement simple que même les tout-petits le comprennent. Jésus nous révèle que Dieu est notre Père et que nous formons sa grande famille. L'Esprit Saint nous donne la force de vivre comme des enfants bien-aimés du Père et de nous comporter entre nous comme des frères et sœurs. La conversion demeure un défi de toute la vie.

Dieu nous a créés pour chercher le bonheur. Nous voulons tous être heureux. Le désir du bonheur est d'origine divine; Dieu l'a mis dans notre cœur pour nous attirer à lui. Or toute recherche de bonheur est recherche de Dieu, recherche du Père, qu'on le sache ou non. Le cœur de l'homme est si largement ouvert que Dieu seul est assez grand pour le remplir. Que ton père ait été présent ou absent, excellent ou défaillant, il a laissé en ton cœur d'enfant le désir du Père par excellence. Quand tu le verras, toute ta liberté s'écrira: «Enfin, te voilà, toi que j'ai tant cherché, parfois jusqu'à m'en rendre malheureux!» Et le Père s'exclamera: «Réjouissez-vous avec moi, je l'ai retrouvé!»

Au fil de ces pages, nous cheminerons vers le Père. Notre pèlerinage connaîtra neuf étapes. Réjouis-toi, (1) le Père a inscrit ton nom dans le ciel et (2) tu comptes parmi les invités au grand dîner. Ne te désole pas d'être pécheur, ne perds jamais courage, car (3) le pardon est quotidien comme le pain. (4) Ne manque pas de faire ton bilan annuel de vie chrétienne. À la messe, le Père te donne son pardon, sa parole, son pain et sa paix. Ce rendez-vous dominical demeure (5) un grand moment de salut où (6) les péchés sont pardonnés. (7) Le repentir de Pierre et de Judas et la demande de salut des deux larrons sur la croix ne nous permettent pas de douter de leur destin éternel. Tu as, toi aussi, (8) ton «billet» pour le ciel. Enfin, (9) prie ton Père qui est présent dans le secret: il te le revaudra.

Depuis *Bonne Nouvelle pour toi* (1986), la vision de salut se maintient, elle s'élargit même de plus en plus. *La joie d'être sauvé* (1989) ne tarit toujours pas, elle surabonde plutôt. Le rire, l'humour et la joie du salut dans la Bible ont trouvé leur expression dans *Dieu m'a donné de quoi rire* (1991).

Souffle de vie (1997) et *L'insoumis de Nazareth* (1999) m'ont donné la liberté nécessaire pour penser autrement et aborder le dernier volet du triptyque trinitaire sous l'angle de l'universalité du salut. Par des chemins souvent connus de lui seul, Dieu notre Père conduira tous ses enfants et toute la création à la communion avec lui. Il sera alors tout en tous.

> Quelle profondeur dans la richesse, la sagesse et la science de Dieu le Père! Ses décisions sont insondables, ses chemins sont impénétrables! Qui a connu la pensée du Seigneur? Qui a été son conseiller? Qui lui a donné en premier, et mériterait de recevoir en retour? Car tout est de lui, et par lui, et pour lui. À lui la gloire pour l'éternité! Amen. (Rm 11, 33-36)

Le 13 juin 1917, la sainte Mère de Dieu demandait aux enfants de Fatima de réciter entre les dizaines de chapelet: «Ô mon Jésus, pardonnez-nous nos péchés, préservez-nous du feu de l'enfer et conduisez au ciel toutes les âmes, spécialement celles qui ont le plus besoin de votre miséricorde.» Peut-on imaginer salut plus universel? Que tous les humains parviennent au ciel, à commencer par les plus grands pécheurs, ceux qui ont le plus besoin de miséricorde!

Que Marie et Joseph, son époux, nous accompagnent au long de ces pages.

Les neuf étapes de ce livre ont servi de neuvaine à l'Oratoire Saint-Joseph de Montréal.

1

TON NOM DANS LE CIEL

L'*Évangile selon saint Luc* a été écrit vers 85, soit plus de cinquante ans après la mort de Jésus, survenue probablement le 7 avril de l'an 30. Le Jésus du troisième évangile nous révèle de façon extraordinaire la miséricorde du Père. En voici un exemple tout à fait remarquable:

> Les soixante-douze disciples revinrent tout joyeux. Ils racontaient: «Seigneur, même les esprits mauvais nous sont soumis en ton nom.» Jésus leur dit: «Je voyais Satan tomber du ciel comme l'éclair. Vous, je vous ai donné pouvoir d'écraser serpents et scorpions, et pouvoir sur toute la puissance de l'Ennemi; et rien ne pourra vous faire du mal. Cependant, ne vous réjouissez pas parce que les esprits vous sont soumis; mais réjouissez-vous parce que vos noms sont inscrits dans les cieux.» À ce moment, Jésus exulta de joie sous l'action de l'Esprit Saint, et il dit: «Père, Seigneur du ciel et de la terre, je proclame ta louange: ce que tu as caché aux sages et aux savants, tu l'as révélé aux tout-petits. Oui, Père, tu l'as voulu ainsi dans ta bonté. Tout

m'a été confié par mon Père; personne ne connaît le Fils, sinon le Père, et personne ne connaît le Père, sinon le Fils et celui à qui le Fils veut le révéler.» (Lc 10, 17-22)

La peur de Dieu

Si tu as peur de Dieu, ce n'est pas Dieu. S'il t'inspire angoisse, horreur ou dégoût, s'il te paraît arbitraire, despotique ou vengeur, ce n'est pas lui. C'est peut-être ce que l'on t'a enseigné, ce que tu as compris, mais il ne peut s'agir du Père infiniment miséricordieux et plein de bonté que Jésus nous révèle. Si tu as l'impression que Dieu te guette, qu'il te surveille, qu'il épie tes moindres faits et gestes pour trouver matière à t'accuser, ce n'est pas Dieu. Si tu crois qu'un jour ou l'autre il va te battre, sinon durant ta vie, du moins à ta mort, ce n'est pas Dieu. Le Père infiniment bon ne te fera jamais de mal, ni à toi ni à personne. Tu as raison d'avoir peur de la méchanceté, de la rancune, de la vengeance, de la cruauté, de la haine, du ressentiment, mais il n'y a rien de tout cela en Dieu.

L'image que tu as de Dieu est aussi celle que tu donnes de Dieu. Si le Dieu qui t'habite est un Dieu qui te fait peur, tu parleras d'un Dieu de peur. Est-ce un furieux despote, jouissant de tout, qu'aucune offense ne peut atteindre, et qui pourtant punit nos faiblesses par une éternité de douleur? Gare à qui ne marche pas droit! Aime-t-il nous faire vivre à sa portée dans une crainte constante? Un tel Dieu serait un monstre tout juste bon à être jeté au diable.

Quand quelqu'un affirme avoir rejeté Dieu, il ne faut pas prendre peur, mais plutôt demander à cette personne de décrire cet indésirable qu'elle a jeté par-dessus bord. La plupart du temps, sinon toujours, il s'agit d'une caricature affreuse. On ne rejette pas Dieu, mais l'image qu'on s'en fait. Dieu est infiniment plus grand que nos images et nos concepts. L'athéisme est souvent une réaction critique contre une image équivoque de Dieu et il nous oblige à purifier notre façon de parler de lui. Celui qui a découvert que Dieu est Amour infini, miséricordieux et inconditionnel, peut-il le rejeter?

Le grand prophète anonyme de la fin de l'Exil à Babylone, que nous appelons, faute de mieux, le Second Isaïe, nous offre une vision remarquable du Très-Haut:

> C'est moi qui t'ai créé, Jacob, qui t'ai formé, Israël. Ne crains pas, car je t'ai racheté, je t'ai appelé par ton nom: tu es à moi. Si tu traverses les eaux, je serai avec toi, et les fleuves ne te submergeront pas. Si tu passes par le feu, tu ne souffriras pas, et la flamme ne te brûlera pas. Car je suis Yahvé, ton Dieu, le Saint d'Israël, ton Sauveur... Tu comptes beaucoup à mes yeux, tu as du prix et je t'aime... Ne crains pas, car je suis avec toi. (Is 43, 1-5)

Ce que le prophète dit à propos d'Israël vaut pour nous. Tout être humain a un prix infini aux yeux de Dieu. Nous lui sommes souvent infidèles, mais lui ne manquera jamais de fidélité; il ne nous oubliera jamais, comme le dit si bien le même prophète:

> Souviens-toi de cela, Jacob, et toi Israël, car tu es mon serviteur. Je t'ai modelé, car tu es pour moi un serviteur, Israël, je ne t'oublierai jamais. J'ai dissipé tes crimes comme un nuage et tes péchés comme une nuée; reviens à moi, car je t'ai racheté. (Is 44, 21-22)

La tentation nous assaille parfois de croire que le Père nous a abandonnés. Pourquoi tel malheur m'arrive-t-il, telle maladie, tel deuil? Et pourtant la tendresse de Dieu n'est jamais bien loin.

> Yahvé a consolé son peuple, il prend en pitié ses affligés. Sion avait dit: «Yahvé m'a abandonné; le Seigneur m'a oublié.» Une femme oublie-t-elle son petit enfant, est-elle sans pitié pour le fils de ses entrailles? Même si une femme l'oubliait, moi, je ne t'oublierai jamais. Vois, j'ai gravé ton nom sur les paumes de mes mains. (Is 49, 13-16)

Dans un livre écrit au premier siècle avant Jésus, probablement à Alexandrie, ce centre important du judaïsme hellénistique, nous lisons ceci:

> Et tu seras comme un fils pour le Très-Haut
> qui t'aimera plus que ne fait ta mère. (Si 4, 10)

Tout être humain est un enfant chéri de Dieu, d'un Dieu qui aime plus qu'une mère et nourrit pour chacun un dessein de bonheur éternel. Si tu as peur de Dieu, ce n'est pas Dieu. Sa justice te semble impitoyable? Comment concilier l'amour et la justice de Dieu? La justice de Dieu, c'est la miséricorde qui prend pitié uniquement par amour et rend juste par pure grâce.

La justification est un don immérité et le salut est gratuité absolue. Au sens biblique, la justice de Dieu désigne sa bienveillance gratuite envers l'homme. Voici un exemple.

Une femme dans la trentaine avancée divorce et, comme elle est méchante pour son jeune enfant, c'est le père qui obtient la garde légale. Rien d'idéal en tout cela et l'on a vite fait de condamner. Mais que se cache-t-il derrière cette situation malheureuse? Cette femme était née dans une famille où il y avait déjà deux filles. Durant sa troisième grossesse, la mère attendait un garçon et préparait tout en conséquence. Or ce fut un bébé fille. La mère en fut tellement déçue qu'elle refusa de lui donner un nom. L'enfant a senti qu'elle était une déception; on voulait un garçon, et elle était fille. Le rejet maternel l'a blessée pour la vie. Elle s'est mariée un peu tard en espérant que le mariage viendrait combler ce vide terrible, mais c'est trop demander au mariage. Quand elle a été mère, elle a copié le modèle maternel: elle a été méchante pour son enfant comme on l'avait été pour elle. Rien d'idéal en tout cela. Ma question est la suivante: «Dieu, qui connaît la souffrance de cette femme, souffrance qu'elle portera jusqu'à la fin de sa vie, la condamne-t-il?» S'il la condamnait, il serait totalement injuste. Il ne bénit ni le divorce ni le fait qu'une mère soit méchante pour son enfant, mais il ne condamne pas cette personne, parce qu'il sait ce qui se cache derrière les apparences. «Le primat et la supériorité de l'amour sur la justice se manifestent précisément dans la miséricorde.» (Jean-Paul II)

> À cela nous saurons que nous sommes de la vérité, et devant Dieu nous aurons le cœur en paix; notre cœur aurait beau nous condamner, Dieu est plus grand que notre cœur, et il connaît toute chose. (1 Jn 3, 19-20)

Dieu notre Père est tellement juste qu'il ne condamne jamais, parce qu'il comprend tout. Il nous aime tels que nous sommes. Il ne dit jamais: «Je t'aimerais si... Si tu faisais ceci et si tu évitais cela, alors je t'aimerais.» Non! Le Père nous aime, sans plus! Il nous aime quand nous faisons un pas en avant dans notre vie; il nous aime même quand nous faisons un pas en arrière. Son amour inconditionnel nous permet de toujours repartir. Parce qu'il se sait accepté par Dieu, le croyant devient capable de s'accepter lui-même, d'accepter les autres et le monde. Tant qu'on aime, on pardonne. Le Père qui t'aime infiniment te pardonne tout le temps.

Jésus demeure le grand révélateur du Père. Ce que les sages et les intelligents n'ont pas perçu, les tout-petits l'ont accueilli. Accueillir Dieu comme Père, c'est reconnaître en Jésus le Fils par excellence et en chacun de nous ses enfants. Le Royaume, c'est la grande famille du Père. Dans un amour inlassable, le Père veille sur tous les siens. Le défi pour nous consiste à vivre comme des enfants de Dieu et à annoncer la Bonne Nouvelle à tous ceux qui l'ignorent. On ne devient pas enfant de Dieu, on découvre qu'on l'était; Dieu est Créateur et Père de tout enfant, dès sa conception. Le baptême fait de nous des disciples de Jésus et des membres de l'Église, la communauté de ceux qui se savent enfants de Dieu.

Dans le Nouveau Testament, le mot «Dieu» désigne le Père environ 1300 fois. Et le mot «père» renvoie à Dieu 260 fois; le mot «Abba» se rencontre à trois reprises. La grande révélation du Nouveau Testament, c'est que le Dieu tout-puissant, le Créateur du ciel et de la terre, est Père. Il est source et origine de tout dans la Trinité et dans la création.

Les soixante-douze

Quand les soixante-douze reviennent de mission, ils débordent d'enthousiasme. Même les démons leur sont soumis quand ils invoquent le nom de Jésus. Ce dernier se moque gentiment de leur ferveur: «Je voyais Satan tomber du ciel comme l'éclair!» Vous remarquez d'où tombe Satan? Nous aurons sans doute des surprises au ciel! Jésus leur a donné pouvoir dc fouler aux pieds serpents, scorpions, et toute la puissance de l'Ennemi sans que rien ne puisse leur nuire. «Cependant ne vous réjouissez pas de ce que les démons vous sont soumis; réjouissez-vous de ce que vos noms se trouvent inscrits dans les cieux.»

Les soixante-douze disciples étaient des gens comme nous tous. Ils vivaient au temps de Jésus et dans son entourage. Ce dernier les a envoyés en mission et ils sont revenus tout joyeux. Cependant, ce qui doit les remplir de joie, c'est le fait que le Père a inscrit leurs noms dans le ciel.

La joie des disciples contemporains de Jésus est aussi la nôtre. Réjouis-toi! Tu existes parce que le Père t'a appelé par ton nom; il a même écrit ton nom dans le ciel. Et là où se trouve ton nom, tu seras un jour. Si tu as compris cela pour toi, tu l'as compris pour l'humanité entière. Il en va de même pour tous les humains de la terre et de l'histoire. Ce mot tombé des lèvres de Jésus sauve toute l'humanité. Jésus nous a révélé la paternité de Dieu, sa propre filiation et la nôtre. Dieu est Père et nous sommes ses enfants depuis toujours. Jésus rendra témoignage à la paternité de Dieu jusqu'au don de sa vie. On ne croit que les témoins disposés à mourir pour le message qu'ils annoncent.

Le salut hors de l'Église

«Hors de l'Église, point de salut», disait saint Cyprien de Carthage dans une exhortation à ses fidèles, pour leur recommander de ne pas quitter l'Église. On croira pendant des siècles que l'appartenance visible à l'Église catholique était une condition nécessaire au salut. Aujourd'hui la formule a pris un sens bien différent: il y a plusieurs façons d'être reliés à l'Église. Ceux qui n'ont pas reçu l'Évangile sont «de diverses manières ordonnés au peuple de Dieu» (*Lumen gentium*, n° 16). Tous les êtres humains ont leur nom écrit dans le ciel. Un jour, ils prendront placc auprès du Père, dans la lumière.

Publié en 1992, le *Catéchisme de l'Église catholique* (CÉC) nous rappelle que le Père conduit toute l'histoire du monde à sa fin ultime. Qui peut tenir tête à sa volonté de salut? «Nous croyons fermement que Dieu est le Maître du monde et de l'histoire. Mais les chemins de sa Providence nous sont souvent inconnus. Ce n'est qu'au terme, lorsque prendra fin notre connaissance partielle, lorsque nous verrons Dieu "face à face", que les voies nous seront pleinement connues, par lesquelles, même à travers les drames du mal et du péché, Dieu aura conduit sa création jusqu'au repos de ce Sabbat définitif, en vue duquel il a créé le ciel et la terre.» (CÉC, n° 314) Le «repos du sabbat définitif» désigne le but ultime de la création, à savoir la glorification du Père et le bonheur de tous ses enfants. Dieu sera alors tout en tous. Ni la mort ni le péché ne sauraient nous arracher à l'amour qui vient du Père.

Comment se fera ce passage au Père? Un enfant leucémique en phase terminale nous le dit d'une façon surprenante. Quelqu'un lui demandait un jour:

— As-tu peur de mourir?

— Non.

— Qu'est-ce que c'est la mort pour toi?

— Je vais m'endormir... puis je vais me réveiller... dans les bras du Père.

Et il est passé de ce monde au Père avant d'avoir six ans. Un enfant de cet âge sait ce que veut dire s'endormir et se réveiller. Quelqu'un lui avait sans doute enseigné que le Père du ciel l'accueillerait dans ses bras. Cette certitude lui avait enlevé toute peur de la mort. Il savait où il allait. Le plus extraordinaire, c'est qu'il en sera ainsi pour tous les humains. Un jour, tu t'endormiras pour te réveiller dans les bras du Père. Ce dernier ne laisse personne tomber dans le néant; il éveille aussitôt le défunt à une vie nouvelle. Celui qui «s'endort», Dieu le Père l'emmène auprès de lui (1 Th 4, 14). Ce n'est pas en vain qu'il a écrit ton nom dans le ciel.

Pour aller plus loin

La lecture quotidienne de la Bible nous aide à approfondir notre foi, à mieux comprendre qui nous sommes, d'où nous venons et où nous allons. «Ignorer les Écritures, c'est ignorer le Christ.» (Saint Jérôme) Sans une lecture personnelle et régulière de l'Écriture, aucune vie chrétienne sérieuse n'est possible. «Dans les Saints Livres, le Père qui est aux cieux vient avec tendresse au-devant de ses fils et entre en conversation avec eux.» (*Dei verbum*, n° 21) Si tu n'as pas encore lu toute la Bible, fais-toi un programme de lecture, étendu sur une ou deux années, et sois bien fidèle à ton projet. Tout en lisant, cherche toujours le salut, car il s'agit d'une histoire de salut, non de damnation.

À ta lecture quotidienne de la Bible, le livre par antonomase, ajoute la célébration dominicale, le rite chrétien par excellence. Ne manque jamais ce rendez-vous de salut, cette bouffée d'espérance, ce pas vers la vie éternelle. À chaque eucharistie, le Père te donne son pardon, sa parole, son pain, celui qui vient du ciel, et sa paix. Dispersés toute la semaine, les enfants se retrouvent le dimanche pour se tourner ensemble vers le Père et célébrer le salut. Au sortir de l'assemblée dominicale, chacun est invité à considérer toute personne, sans aucune exception, comme «un autre lui-même». Le devoir de se faire le prochain d'autrui et de le servir activement se fait plus pressant encore lorsque celui-ci est démuni, en quelque domaine que ce soit. Le service de la charité se manifeste merveilleusement dans le bénévolat.

Réjouis-toi, car le Père a écrit ton nom dans le ciel. Et rappelle-toi qu'un jour tu t'endormiras pour te réveiller dans les bras du Père.

2

LE GRAND DÎNER

Le troisième évangile demeure un grand témoin de la miséricorde de Dieu. Alors que Jean Baptiste entrevoit la venue du Royaume de Dieu sous le signe de la colère, Jésus la voit plutôt sous le signe de la grâce, de la miséricorde et du pardon. Un jour, un pharisien invite Jésus à manger chez lui. Au cours du dîner, le charpentier de Nazareth répond par une parabole à un convive qui disait: «Heureux celui qui participera au repas dans le Royaume de Dieu!»

> Un homme donnait un grand dîner, et il avait invité beaucoup de monde. À l'heure du dîner, il envoya son serviteur dire aux invités: «Venez, maintenant le repas est prêt.» Mais tous se mirent à s'excuser de la même façon. Le premier dit: «J'ai acheté un champ, et je suis obligé d'aller le voir; je t'en prie, excuse-moi.» Un autre dit: «J'ai acheté cinq paires de bœufs, et je pars les essayer; je t'en prie, excuse-moi.» Un troisième dit: «Je viens de me marier, et, pour cette raison, je ne peux pas venir.» À son retour, le serviteur rapporta ces paroles à son maître. Plein de colère, le maître de mai-

son dit à son serviteur: «Dépêche-toi d'aller sur les places et dans les rues de la ville, et amène ici les pauvres, les estropiés, les aveugles et les boiteux.» Le serviteur revint lui dire: «Maître, ce que tu as ordonné est fait, et il reste de la place.» Le maître dit alors au serviteur: «Va sur les routes et dans les sentiers, et insiste pour faire entrer les gens, afin que ma maison soit remplie. Car je te le dis, aucun de ces hommes qui avaient été invités ne profitera de mon dîner.» (Lc 14, 15-24)

Quand quelqu'un prépare la célébration d'un 25e ou d'un 50e anniversaire de mariage, il dresse une liste d'invités. Il pense aux parents et amis qu'il aimerait voir à la fête. Quand le Père du ciel prépare sa liste d'invitations pour le grand dîner de la vie éternelle, qui invite-t-il? Les pauvres, les estropiés, les aveugles, les boiteux, c'est-à-dire tous les blessés de la vie, tous les éclopés de l'existence, bref nous tous. Dans le cœur du Père, il n'y a pas d'exclus. Tout être humain est infiniment précieux à ses yeux.

Dans cette parabole, ceux qui refusent l'invitation préparent la deuxième partie du récit. Ils servent de tremplin. Il est inutile de demander qui est celui qui a acheté un champ ou cinq paires de bœufs, qui est celui qui vient de se marier. Ces trois exemples servent simplement de repoussoir pour mener à la pointe du récit, à la Bonne Nouvelle: les invités, ce sont finalement tous les humains de la terre. Tu te sens parfois pauvre, estropié, aveugle ou boiteux dans ta vie? Ne perds jamais courage, le Père t'invite au grand dîner. Tu ne l'as pas mérité; il t'invite gratuitement, simplement parce que tu as du prix à ses yeux. Si tu as compris qu'il en va ainsi pour toi, tu as compris pour toute l'humanité. Le Père a écrit le nom de tous les humains dans le ciel et les invite tous au grand dîner du Royaume.

Les limbes

On a longtemps dit que les enfants morts sans baptême passeraient l'éternité dans les limbes. Pourquoi les théologiens ont-ils inventé ce séjour intermédiaire entre le ciel et l'enfer? Parce qu'ils enseignaient que le baptême était absolument nécessaire pour aller au ciel, au point que le non-baptisé ne pouvait y entrer. Par ailleurs, ils ne pouvaient envoyer les enfants morts sans baptême à l'enfer, parce que ces petits n'avaient pas péché. Ils ont donc imaginé un lieu où les enfants trouveraient un bonheur naturel à la hauteur de leur désir, mais sans parvenir à la vision de Dieu qui est le propre de la béatitude chrétienne. Certes, le baptême est la porte d'entrée et le fondement de toute la vie chrétienne et comporte un double fruit: la purification du péché et le don de la vie nouvelle, mais il est nécessaire au salut de ceux-là seuls auxquels il a été proposé et qui en ont compris l'importance.

Sois donc sans crainte, les limbes sont de la pure science-fiction théologique. Le *Catéchisme de l'Église catholique* de 1992 a réglé le problème: «Quant aux enfants morts sans baptême, l'Église ne peut que les confier à la miséricorde de Dieu... La grande miséricorde de Dieu veut que tous les hommes soient sauvés...» (CÉC, nº 1261) Même l'enfant qui meurt sans baptême s'en va auprès du Père, dans la lumière.

Les suicidaires

Dans notre monde actuel, le suicide devient de plus en plus fréquent. On ne s'enlève pas la vie pour mourir, mais bien pour vivre. Celui qui attente à ses jours considère que sa vie n'en est plus une. Il veut mettre fin au tunnel dans lequel il se débat sans espoir. Que faut-il penser de ces cas? Le *Catéchisme* nous donne une réponse pleine d'espérance. D'une part, «des troubles psychiques graves, l'angoisse ou la crainte grave de l'épreuve, de la souffrance ou de la torture peuvent diminuer la responsabilité du suicidaire.» (nº 2282) D'autre part, «on ne doit pas désespérer du salut éternel des personnes qui se sont donné la mort. Dieu peut leur ménager, par les voies que lui seul connaît, l'occasion d'une salutaire repentance. L'Église prie pour les personnes qui ont attenté à leur vie.» (nº 2283) Il est bon de rappeler que le suicide est rare dans la Bible et qu'il ne fait jamais l'objet d'une condamnation formelle (1 S 31, 4; 2 S 17, 23; 2 M 14, 41-46).

Les auteurs du *Catéchisme* utilisent à plusieurs reprises la belle formule «par des voies connues de Dieu seul» ou des expressions similaires, quand ils sont à court d'explications. «Les chemins de sa Providence nous sont souvent inconnus.» (nº 314) «La foi nous donne la certitude que Dieu ne permettrait pas le mal s'il ne faisait pas sortir le bien du mal même, par des voies que nous ne connaîtrons pleinement que dans la vie éternelle.» (n° 324) Dieu peut mener à la foi, sans laquelle il est impossible de lui plaire, des hommes qui ignorent l'Évangile, «par des voies connues de Lui seul» (n° 848). Les voies que Dieu emprunte pour arriver à ses fins sont impénétrables, tout comme sa sagesse est insondable.

Les défunts

Les enfants morts sans baptême, les suicidaires et finalement tous les défunts sont remis à la miséricorde de Dieu. S'il est vrai que «les funérailles chrétiennes ne confèrent au défunt ni sacrement ni sacramental, puisqu'il est "passé" au-delà de l'économie sacramentelle» (n° 1684, la révision de 1998 a supprimé cette phrase), à quoi servent la messe et les bénédictions à l'occasion des obsèques? Le *Catéchisme* répond bien à la question: «Lorsque la célébration [des funérailles] a lieu à l'église, l'eucharistie est le cœur de la réalité pascale de la mort chrétienne. C'est alors que l'Église exprime sa communion efficace avec le défunt: offrant au Père, dans l'Esprit Saint, le sacrifice de la mort et de la résurrection du Christ, elle lui demande que son enfant soit purifié de ses péchés et de leurs conséquences et qu'il soit admis à la plénitude pascale de la table du Royaume.» (n° 1689) L'Église confie le défunt à la miséricorde du Père, en demandant que ses péchés lui soient pardonnés et qu'il prenne place au grand dîner; c'est d'ailleurs ce qu'elle fait au début de chaque messe: «Que Dieu (le Père) tout-puissant nous fasse miséricorde, qu'il nous pardonne nos péchés et nous conduise à la vie éternelle.» Tout au long de la vie chrétienne, la liturgie de l'Église nous confie à la miséricorde du Père. Faut-il faire célébrer des messes pour les défunts? Oui, pour dire merci au Père d'avoir pardonné tous les péchés de ce frère ou de cette sœur et de l'avoir accueilli dans la lumière, auprès de lui.

Jésus, Paul, les évangélistes et les autres auteurs du Nouveau Testament ne demandent jamais de prier pour les défunts. Un seul passage dans toute la Bible fait état de cette pratique. Au moment d'inhumer des soldats morts à la bataille, on découvrit sous la tunique de chacun d'eux des objets consacrés aux idoles, ce que la loi interdisait. Ces amulettes auraient dû être brûlées. Il fut donc évident pour Judas Maccabée et les siens que cet acte d'idolâtrie avait été la cause de leur mort. On se mit donc en prière pour demander que le péché commis fût entièrement pardonné. Judas organisa aussi une collecte et envoya l'argent à Jérusalem afin d'offrir un sacrifice pour le péché (2 M 12, 38-45). Il demande que le péché «mortel» des soldats tombés au champ d'honneur soit enlevé. Les péchés «mortels» sont-ils pardonnés même après la mort?

Le Père nous incite à passer de la loi du talion à celle de la miséricorde. Le talion est bien connu: tu as fait le bien, je te récompense; tu as fait le mal, je te punis. Telle est bien notre justice humaine, et elle est nécessaire. La justice du Père se tempère toujours de miséricorde. Elle ne condamne pas le pécheur, elle le rend juste. Si tu as fait le bien, la justice salvifique de Dieu te récompense; si tu as fait le mal, elle te pardonne. Nous passons de la logique humaine à celle de Dieu. À chacun selon ses œuvres! Certes! Le Père récompense les bonnes et pardonne les mauvaises. La prière instante du prophète Daniel est exaucée: pour l'honneur de son nom, le Père ne nous traite pas selon nos fautes, mais selon la richesse inépuisable de sa miséricorde (Dn 3, 42-43).

Les mauvais comme les bons

Dans le livret de Luc, les pauvres, les estropiés, les aveugles et les boiteux, c'est-à-dire tous les humains, sont invités au grand dîner. Dans le textc parallèle de saint Matthieu, nous trouvons une confirmation fort intéressante.

> Jésus se remit à parler en paraboles: «Le Royaume des cieux est comparable à un roi qui célébrait les noces de son fils. Il envoya ses serviteurs pour appeler à la noce les invités, mais ceux-ci ne voulaient pas venir. Il envoya encore d'autres serviteurs dire aux invités: "Voilà: mon repas est prêt, mes bœufs et mes bêtes grasses sont égorgés; tout est prêt: venez aux noces." Mais ils n'en tinrent aucun compte et s'en allèrent, l'un à son champ, l'autre à son commerce; les autres empoignèrent les serviteurs, les maltraitèrent et les tuè-

> rent. Le roi se mit en colère, il envoya ses troupes, fit périr les meurtriers et brûla leur ville. Alors il dit à ses serviteurs: "Le repas de noce est prêt, mais les invités n'en étaient pas dignes. Allez donc aux croisés des chemins: tous ceux que vous rencontrerez, invitez-les au repas de noce." Les serviteurs allèrent sur les chemins, rassemblèrent tous ceux qu'ils rencontrèrent, les mauvais comme les bons, et la salle de noce fut remplie de convives.» (Mt 22, 1-10)

Dans les textes parallèles de Matthieu et de Luc, les premiers invités ne veulent pas venir, ce qui prépare le terrain pour les autres. Aux pauvres, estropiés, aveugles et boiteux de Luc correspondent les mauvais et les bons de Matthieu, c'est-à-dire tout le monde. La Bonne Nouvelle, c'est que tous sont invités au repas de noce. Ces deux récits débouchent sur la perspective du salut du monde entier. Dans le Royaume enfin réalisé, le Père sera tout en tous. Mais comment comprendre la finale de Matthieu?

> «Le roi entra pour voir les convives, dit Jésus. Il vit un homme qui ne portait pas le vêtement de noce, et lui dit: "Mon ami, comment es-tu entré ici, sans avoir le vêtement de noce?" L'autre garda le silence. Alors le roi dit aux serviteurs: "Jetez-le, pieds et points liés, dehors dans les ténèbres; là il y aura des pleurs et des grincements de dents." Car beaucoup sont appelés, mais peu sont élus.» (Mt 22, 11-14)

De quoi s'agit-il? Qu'est-ce que ce vêtement de noce? N'en déplaise aux Carmes, ce n'est pas un scapulaire; ou aux Franciscains, il ne s'agit pas d'une corde. De quoi tous les êtres humains ont-ils absolument besoin pour entrer et demeurer au grand dîner? Ils ont tous besoin que le Père les recouvre d'un manteau d'innocence, d'un vêtement de salut, qu'il les habille de sa miséricorde. Le Royaume du Père sera sous le signe de la miséricorde. Là où le talion condamne, la miséricorde pardonne. «Le jugement est sans miséricorde pour celui qui n'a pas fait miséricorde, mais la miséricorde se moque du jugement.» (Jc 2, 13)

L'être humain qui se dirait parfait et prétendrait ne pas avoir besoin du pardon de Dieu serait jeté dans les ténèbres; mais un tel homme existe-t-il? Tout adulte sait fort bien qu'il n'est pas parfait et qu'il a besoin de pardon. Il n'est pas nécessaire qu'il le reconnaisse devant moi. D'ailleurs, c'est ce que l'Église nous demande de faire au début de chaque messe: «Reconnaissons que nous sommes pécheurs.» Quelle sagesse! C'est l'invitation même qui rend le convive digne de prendre part au festin de noce, pourvu seulement qu'il y entre de bon cœur en se reconnaissant pécheur.

L'évangile de Matthieu parle à plusieurs reprises de la fournaise ardente, des pleurs et des grincements de dents. Dans tous les cas, l'évangéliste divise le monde en deux: les bons d'un côté et les méchants de l'autre, et il évite soigneusement de mentionner la miséricorde. Les uns entrent dans le Royaume et les fauteurs d'iniquité sont jetés dans les ténèbres extérieures. La réalité est bien plus complexe: chacun est à la fois bon et méchant. Le meilleur et le pire se côtoient en nous. Dans la parabole du festin de noce, les serviteurs rassemblèrent les mauvais comme les bons, tous ceux qu'ils avaient rencontrés. Seule l'invitation de Dieu permet à tous les pécheurs que nous sommes d'entrer au grand dîner. Chaque fois qu'un texte condamne le pécheur sans merci, il faut se demander ce qui arriverait si la miséricorde infinie du Père intervenait dans ce contexte menaçant. Des milliards de non-chrétiens vont au ciel.

Pour aller plus loin

Comme il est important de lire la parole de Dieu, cette grande histoire de salut! Comme le dit si bien saint Paul, à la fin d'une réflexion sur le salut des païens et des juifs: «Dieu (le Père) a enfermé tous les hommes dans la désobéissance pour faire à tous miséricorde.» (Rm 11, 32) Toute l'humanité est établie sous le régime de la miséricorde et le Dieu de tous les hommes attend de chacun la conversion et la reconnaissance aimante.

À la lecture quotidienne de la Bible, il faut ajouter la participation régulière à l'eucharistie du dimanche. Cette liturgie célèbre le salut du monde; elle rend grâce au Père qui nous donne son pardon, sa parole, son pain et sa paix. Nous aurons toujours besoin de rites qui concrétisent et renouvellent nos raisons de vivre et d'espérer, dans l'attente du festin nuptial du ciel. La Bible annonce le salut que l'eucharistie met en œuvre. «Chaque fois qu'est célébré ce sacrifice en mémorial, c'est l'œuvre de notre rédemption qui s'accomplit.»

Réjouis-toi! Le Père a écrit ton nom dans le ciel et il t'invite au grand dîner du Royaume.

3

LE PARDON QUOTIDIEN

À l'occasion d'un repas chez le pharisien Simon, Jésus présente le pardon d'un point de vue qui bouleverse nos façons habituelles de penser. Le prophète de Nazareth nous oblige à dépasser une vision limitée du salut pour déboucher sur une approche vraiment universelle. Le Père est tellement juste qu'il ne condamne jamais, parce qu'il connaît les dessous de toutes nos misères. Il ne renonce jamais à pardonner. Les chemins admirables de sa miséricorde nous sont souvent inconnus. «Montre-nous, Seigneur, ta miséricorde, et donne-nous ton salut.» (Ps 85, 8)

> Un pharisien avait invité Jésus à manger avec lui. Jésus entra chez lui et prit place à table. Survint une femme de la ville, une pécheresse. Elle avait appris que Jésus mangeait chez le pharisien, et elle apportait un vase précieux plein de parfum. Tout en pleurs, elle se tenait derrière lui, à ses pieds, et ses larmes mouillaient les pieds de Jésus. Elle les essuyait avec ses cheveux, les couvrait de baisers et y versait le parfum. En voyant cela, le pharisien qui avait invité Jésus se dit en lui-

même: «Si cet homme était prophète, il saurait qui est cette femme qui le touche, et ce qu'elle est: une pécheresse.» Jésus prit la parole: «Simon, j'ai quelque chose à te dire. — Parle, maître.» Jésus reprit: «Un créancier avait deux débiteurs; le premier lui devait cinq cents pièces d'argent, l'autre cinquante. Comme ni l'un ni l'autre ne pouvait rembourser, il remit à tous deux leur dette. Lequel des deux l'en aimera davantage?» Simon répondit: «C'est celui à qui il a remis davantage, il me semble. — Tu as raison», lui dit Jésus. Il se tourna vers la femme, en disant à Simon: «Tu vois cette femme? Je suis entré chez toi, et tu ne m'as pas versé d'eau sur les pieds; elle, elle les a mouillés de ses larmes et essuyés de ses cheveux. Tu ne m'as pas embrassé; elle, depuis son entrée, elle n'a pas cessé d'embrasser mes pieds. Tu ne m'as pas versé de parfum sur la tête; elle, elle m'a versé un parfum précieux sur les pieds. Je te le dis: si ses péchés, ses nombreux péchés, sont pardonnés, c'est à cause de son grand amour. Mais celui à qui on pardonne peu montre peu d'amour.» Puis il s'adressa à la femme: «Tes péchés sont pardonnés.» Les invités se dirent: «Qui est cet homme, qui va jusqu'à pardonner les péchés?» Jésus dit alors à la femme: «Ta foi t'a sauvée. Va en paix!» (Lc 7, 36-50)

L'hospitalité palestinienne comportait trois rites d'accueil; il fallait d'abord laver les pieds de l'invité. On allait alors nu-pieds et ce geste avait quelque chose de rafraîchissant. L'hôte lui donnait ensuite le baiser de paix. Finalement il lui versait de l'huile parfumée sur la tête pour masquer les odeurs moins agréables; on se lavait peu à l'époque.

Le pharisien Simon a omis ces gestes usuels d'hospitalité à l'égard de Jésus. Il a manqué de la plus élémentaire courtoisie. Or voici qu'une pécheresse de la ville se présente dans ce groupe d'hommes — ce qui était hautement inconvenant — et pleure sur les pieds de Jésus, les embrasse et y verse du parfum. Elle accomplit ce que Simon a négligé de faire.

Simon se considère comme juste devant la loi et s'étonne que Jésus se laisse toucher par cette femme. Le rabbi de Galilée est jugé et condamné: s'il était prophète, il saurait qui est cette femme qui le touche. Le grand péché dans l'évangile de Luc consiste à s'estimer juste, pour ainsi juger et condamner les autres (Lc 18, 9). L'ironie de Luc montre bien que ceux qui se croient justes ne le sont pas. Le pharisien Simon en est une belle illustration. «Vous êtes, vous, ceux qui se donnent pour justes devant les hommes, mais Dieu connaît les cœurs; ce qui est élevé pour les hommes est objet de dégoût devant Dieu.» (Lc 16, 15)

Jésus raconte une histoire. «Un créancier a deux débiteurs; l'un doit cinq cents pièces d'argent, l'autre cinquante. Comme ils sont insolvables, il remet aux deux leur dette. Lequel l'en aimera davantage? — Celui à qui on a remis le plus», répond Simon. Le plus grand pécheur sera celui qui aimera le plus quand il comprendra jusqu'à quel point Dieu lui a pardonné. Dans ce court récit, on va du pardon reçu à l'amour manifesté. Les débiteurs reçoivent remise de leur dette, puis se mettent à aimer en retour.

Le cas de la pécheresse va en sens inverse. Elle montre beaucoup d'amour à Jésus et ses nombreux péchés lui sont pardonnés. Elle va de l'amour manifesté au pardon reçu. Les deux voies sont possibles. On peut aller du pardon à l'amour ou de l'amour au pardon. Comme il arrive si souvent en Luc, toute l'humanité est ici présente. Il y a la multitude de ceux qui découvriront seulement dans la vie éternelle jusqu'à quel point le Père leur a pardonné, et qui aimeront pour l'éternité, et le très grand nombre de ceux qui témoignent de l'amour autour d'eux durant leur vie et qui en reçoivent le pardon de leurs nombreuses fautes. La réalité veut que nous soyons à la fois les débiteurs insolvables et la pécheresse. Nous sommes, d'une part, toujours incapables de payer notre dette à l'endroit de Dieu et, de l'autre, nous manifestons de l'amour à ceux qui nous entourent. Sans avoir Jésus devant nous comme la femme, nous le rejoignons dans nos frères et sœurs.

Si tu as compris que cet épisode te sauve, tu as compris pour tous les humains. Ce texte apporte le salut à l'humanité entière. Le pardon est quotidien comme le pain. Nous le célébrons de temps en temps dans une liturgie appropriée, mais il nous rejoint chaque jour. Pas de vie sans pain, pas de vie sans pardon. Le livre des Proverbes affirme que «l'amour couvre toutes les offenses» (Pr 10, 12), alors que Pierre nous dit: «Avant tout, conservez entre vous une grande charité, car la charité couvre une multitude de péchés.» (1 P 4, 8) La charité quotidienne couvre les péchés quotidiens. Nous nous retrouvons en présence du grand commandement de l'amour du prochain, donc au cœur de la vie chrétienne.

La rémission des péchés

Le *Catéchisme de l'Église catholique* va dans le même sens. Il déclare sans ambages que «Dieu seul pardonne le péché» (CÉC, n° 1441) et que «le Père des miséricordes est la source de tout pardon» (n° 1449). La rédemption des péchés est l'œuvre divine par excellence (n° 587). La *Liturgie des heures* affirme paisiblement: «Ton pardon généreux est de chaque instant.» Le *Catéchisme* énumère plusieurs moyens qui contribuent au pardon des péchés: la purification radicale opérée par le baptême, puis la pénitence sacramentelle et les autres sacrements, surtout l'eucharistie (n° 976). Nous reviendrons sur l'eucharistie comme grand sacrement du pardon des péchés. Le *Catéchisme* ajoute le jeûne, la prière et l'aumône, le martyre, les efforts accomplis pour se réconcilier avec le prochain — non le succès! —, les larmes de pénitence, le souci du salut du prochain, l'intercession des saints et la pratique de la charité «qui couvre une multitude de péchés» (n° 1434). Qui honore son père expie ses péchés (n° 2218). Concourent également au pardon des péchés la lecture quotidienne de l'Écriture Sainte, la prière de la *Liturgie des heures* et du Notre Père, tout acte sincère de culte ou de piété (n° 1437).

Je ne cesserai d'insister sur l'importance de la lecture de la parole de Dieu et de la participation active à la messe dominicale. Ces deux grands moyens, parmi d'autres, d'obtenir le pardon des péchés nous invitent à l'amour quotidien envers tous ceux qui nous entourent. Le devoir de charité s'étend aussi à ceux qui pensent et agissent différemment de nous et même aux ennemis et aux étrangers. La vie selon l'Évangile est source de pardon. Toutes les formes de la pénitence quotidienne doivent déboucher dans la célébration de l'eucharistie, le grand sacrement du pardon des péchés, le sacrifice par excellence de notre réconciliation.

Nous ne cessons de pécher et de nous détourner de Dieu, comme nous le rappelle le *Catéchisme* (n° 2839), et tous les membres de l'Église doivent se reconnaître pécheurs, y compris ses ministres, ô surprise! (n° 827) L'Église ne renferme que des pécheurs en son sein. En tout être humain, l'ivraie du péché se trouve mêlée au bon grain de la vie selon l'Évangile. La parabole de Matthieu est lumineuse à ce sujet.

Le bon grain et l'ivraie

> Jésus leur proposa une autre parabole: «Le Royaume des cieux est comparable à un homme qui a semé du bon grain dans son champ. Or, pendant que les gens dormaient, son ennemi survint; il sema de l'ivraie au milieu du blé et s'en alla. Quand la tige poussa et produisit l'épi, alors l'ivraie apparut aussi. Les serviteurs

du maître vinrent lui dire: “Seigneur, n’est-ce pas du bon grain que tu as semé dans ton champ? D’où vient donc qu’il y a de l’ivraie?” Il leur dit: “C’est un ennemi qui a fait cela.” Les serviteurs lui disent: “Alors, veux-tu que nous allions l’enlever?” Il leur répond: “Non, de peur qu’en enlevant l’ivraie, vous n’arrachiez le blé en même temps. Laissez-les pousser ensemble jusqu’à la moisson; et, au temps de la moisson, je dirai aux moissonneurs: Enlevez d’abord l’ivraie, liez-la en bottes pour la brûler; quant au blé, rentrez-le dans mon grenier.”» (Mt 13, 24-30)

Cette merveilleuse parabole nous présente le regard de Jésus sur le Royaume et sur ceux qui y participeront. Dans un même champ poussent le bon grain et l’ivraie; à la moisson, l’ivraie sera brûlée et le bon grain engrangé. Au terme de toute vie humaine, chacun sera définitivement libéré de l’ivraie de sa vie et tout le bon grain de son existence sera engrangé dans le Royaume. Il est vain de tenter de diviser le monde entre bons et méchants. Personne n’est complètement bon ni totalement mauvais. Chacun se situe quelque part entre ces deux extrêmes. C’est d’ailleurs ce que nous disons au début de chaque messe: «Reconnaissons que nous sommes pécheurs.» Le pécheur, c’est l’être humain à la fois bon et mauvais. Il ne faut jamais parler de péché sans mentionner tout de suite la miséricorde. C’est d’ailleurs ce que fait la liturgie: «Que Dieu tout-puissant nous fasse miséricorde...» Le pardon est quotidien comme le pain. La charité quotidienne couvre les péchés de chaque jour, voilà pourquoi elle est si importante. Tout ce que nous faisons pour le bonheur des autres contribue au pardon de nos péchés. Tout ce qui est accompli dans l'amour et par amour entrera sous une forme purifiée et transfigurée dans la réalité définitive de la vie éternelle.

Le purgatoire

Le pardon inépuisable de Dieu nous accompagne tous les jours de notre vie et surtout au moment de la mort. Le purgatoire «tout feu tout flammes» à la manière de Dante n'a jamais existé. Le mourant ne tombe pas dans un trou de feu. Mais ce qui a toujours existé, c'est le dernier pardon du Père, son ultime geste de miséricorde. Il te pardonne chaque jour en prévision de la purification finale où tu éprouveras toute la richesse de son amour. Le baptême est-il douloureux? La purification finale ne le sera pas davantage. C'est le Père qui te donnera le vêtement de noce, ce n'est pas toi qui te mettras beau pour ton entrée dans le Royaume. Le purgatoire, c'est Dieu lui-même en tant qu'il est capable de te purifier, de te sanctifier d'une façon définitive et de faire de toi un juste à jamais. Un jour tu t'endormiras pour te réveiller dans les bras du Père. En un instant, tu passeras de ce monde au Père, tu entreras dans la lumière qui dissipe toutes ténèbres, dans la vie qui chasse toute mort. Tu seras à jamais en sa présence. Le Père sera ton bonheur éternel et tu contribueras au sien. Encore ici, si tu as compris cela pour toi, tu l'as compris pour l'humanité entière. Tout être humain s'endormira pour se réveiller dans les bras du Père.

Dans un passage célèbre, Abraham intercède auprès de Dieu pour obtenir le pardon de Sodome. Il y a plus d'injustice à condamner quelques innocents qu'à épargner une multitude de coupables. Qui, d'ailleurs, peut revendiquer le droit de détruire directement un innocent?

> Abraham s'avança et dit: «Vas-tu vraiment faire périr le juste avec le pécheur? Peut-être y a-t-il cinquante justes dans la ville. Vas-tu vraiment les faire périr? Est-ce que tu ne pardonneras pas à cause des cinquante justes qui sont dans la ville? Quelle horreur, si tu faisais chose pareille! Faire mourir le juste avec le pécheur, traiter le juste de la même manière que le pécheur, quelle horreur! Celui qui juge toute la terre va-t-il rendre une sentence contraire à la justice?» Le Seigneur répondit: «Si je trouve cinquante justes dans Sodome, à cause d'eux je pardonnerai à toute la ville.» (Gn 18, 23-26)

Abraham passa de cinquante à quarante-cinq justes, puis à quarante, trente, vingt et s'arrêta à dix. «Pour dix, je ne détruirai pas la ville de Sodome», répondit le Seigneur. Jérémie descendra jusqu'à un juste: «Parcourez les rues de Jérusalem, regardez donc, renseignez-vous, cherchez sur les places si vous découvrez un homme, un seul qui pratique le droit, qui cherche la vérité: alors je pardonnerai à cette ville.» (Jr 5, 1) Jésus de Nazareth, le seul juste, suffira à sauver l'humanité entière. Et tous les saints contribuent, à leur façon, au salut du monde. L'exemple de leur vie est une invitation à vivre comme des sauvés, comme des enfants de Dieu. Qui s'élève, élève le monde.

Pour aller plus loin

La lecture quotidienne de la Bible ravive en nous la certitude d'appartenir à une longue histoire de salut. Comme le dit si bien saint Grégoire le Grand: «Les divines paroles et celui qui les lit grandissent ensemble.» Grâce à l'assistance de l'Esprit Saint, l'intelligence de la Bible peut croître dans l'Église. Quand les croyants étudient les paroles de l'Écriture et les méditent, ils approfondissent leur compréhension de la Bonne Nouvelle. La révélation est achevée, mais non encore complètement explicitée. La foi chrétienne en saisit graduellement toute la portée au fil des siècles. Le plus beau sera toujours devant nous. Prenons donc le temps de ruminer les textes sacrés pour en saisir la dimension de salut. S'il ne faut pas négliger de lire les écrits des théologiens et les ouvrages des auteurs spirituels, sans oublier le *Catéchisme de l'Église catholique*, il faut surtout nourrir une passion pour la Bible. Répéter machinalement ou réciter sans réfléchir des formules traditionnelles ne sert à rien. La réflexion sans cesse reprise nous amène à redire dans les mots d'aujourd'hui les vérités de toujours.

Réjouis-toi! Le Père a écrit ton nom dans le ciel et il t'accorde le pardon quotidien de tes fautes. Vis dans l'action de grâce et contribue indéfectiblement au bonheur de ceux qui t'entourent. Le témoignage de ta vie donnera aux autres des raisons de vivre et d'espérer.

4

UN BILAN DE VIE

Il ne fait aucun doute que le pardon soit quotidien comme le pain, mais il convient de le célébrer dans le sacrement de pénitence au moins une fois l'an. Ce bilan de vie chrétienne nous permet de faire le point et de dire merci au Père qui nous pardonne sans cesse. Le passage de la femme adultère lancera notre réflexion.

> Les scribes et les pharisiens lui amènent une femme qu'on a surprise en train de commettre l'adultère. Ils la font avancer, et disent à Jésus: «Maître, cette femme a été prise en flagrant délit d'adultère. Or, dans la loi, Moïse nous a ordonné de lapider ces femmes-là. Et toi, qu'en dis-tu?» Ils parlaient ainsi pour le mettre à l'épreuve, afin de pouvoir l'accuser. Mais Jésus s'était baissé et, du doigt, il traçait des traits sur le sol. Comme on persistait à l'interroger, il se redressa et leur dit: «Celui d'entre vous qui est sans péché, qu'il soit le premier à lui jeter la pierre.» Et il se baissa de nouveau pour tracer des traits sur le sol. Quant à eux, sur cette réponse, ils s'en allèrent l'un après l'autre, en commen-

çant par les plus âgés. Jésus resta seul avec la femme en face de lui. Il se redressa et lui demanda: «Femme, où sont-ils donc? Alors, personne ne t'a condamnée?» Elle répondit: «Personne, Seigneur.» Et Jésus lui dit: «Moi non plus, je ne te condamne pas. Va, et désormais ne pèche plus.» (Jn 8, 3-11)

Ce passage vraiment étonnant nous présente Jésus dans une attitude pastorale à ras de sol. Que fait-il devant un être humain que la loi de Moïse condamne à mort par lapidation? Les autorités religieuses lui amènent cette femme dans le but de lui tendre un piège et de pouvoir l'accuser. Les scribes et les pharisiens ne sont pas ici à la recherche de la vérité; ils veulent le surprendre dans ses paroles. Rien ne leur ferait plus plaisir que d'avoir le dessus sur le maître de Galilée.

Le piège est parfait. Qu'il réponde par oui ou par non, le rabbi de Nazareth est condamné. Selon le *Lévitique* (20, 10), «l'homme qui commet l'adultère avec la femme de son prochain devra mourir, lui et sa complice». Le *Deutéronome* (22, 22) va dans le même sens: «Si l'on prend sur le fait un homme couchant avec une femme mariée, tous deux mourront: l'homme qui a couché avec la femme et la femme elle-même. Tu feras disparaître d'Israël le mal.» La loi était claire. Si Jésus avait répondu: «Si elle est coupable d'adultère, appliquez la loi; lapidez-la», les maîtres l'auraient accusé de manquer de miséricorde et de bonté. Dans certains cas, il vaut mieux passer l'éponge. Par contre, si Jésus avait conseillé la miséricorde et la clémence, les autorités l'auraient accusé de ne pas respecter la loi de Moïse. Il était piégé.

Jésus emprunte une troisième voie: «Que celui qui est sans péché lui jette le premier la pierre.» «L'âge d'or» est parti en premier! Plus on a vécu, plus on a péché, c'est mathématique! Chaque année de vie ajoute de nouveaux péchés à notre palmarès. Il ne reste finalement que Jésus et la femme, la misère et la miséricorde. C'est vrai qu'elle a commis l'adultère; il ne s'agit pas d'une calomnie. L'attitude de Jésus demeure exemplaire pour nous. «Personne ne t'a condamnée? — Personne, Seigneur. — Moi non plus je ne te condamne pas. Va, et désormais ne pèche plus.» Jésus ne bénit pas le péché d'adultère, mais il ne condamne pas la femme. C'est révolutionnaire. L'Ancien Testament condamnait à la fois le péché et le pécheur. «Celui qui agit mal délibérément, qu'il soit citoyen ou étranger, c'est Yahvé qu'il outrage. Un tel individu sera retranché du milieu de son peuple: il a méprisé la parole de Yahvé et enfreint son commandement. Cet individu devra être supprimé, sa faute est en lui.» (Nb 15, 30-31) Cet énoncé semble exclure toute miséricorde en cas de faute délibérée. «Dieu déteste également l'impie et son impiété. Oui, l'œuvre sera châtiée avec l'ouvrier.» (Sg 14, 9-10) Dieu déteste l'idole et celui qui a péché en la fabriquant. Mais il ne faut pas oublier que toutes les histoires de fautes dans l'Écriture s'achèvent sur une promesse de salut. Le péché et la mort ne sont ni le premier ni le dernier mot de la Bible. «La volonté divine de salut est plus forte que toute la puissance du péché.» Nier le péché serait nier l'évidence, mais oublier la miséricorde serait bien plus désespérant encore. À tout péché, miséricorde. Jésus ne félicite certes pas la femme d'avoir péché, mais il ne la condamne pas; il lui recommande plutôt de ne plus recommencer. «Va, et désormais ne pèche plus.»

Tous les soirs de ta vie, Jésus te redit au cœur: «Je ne te condamne pas pour ta journée, mais désormais ne pèche plus... Désormais ne pèche plus... Désormais ne pèche plus...» Un jour il te dira une dernière fois: «Désormais, tu ne pécheras plus», car tu seras entré dans le ciel. La parole adressée à l'adultère nous rejoint tous. Nous sommes tous cette femme passible de mort par lapidation; nous sommes tous pécheurs. Si nous n'avons pas encore commis tous les péchés possibles, c'est sans doute que l'occasion ne s'est pas présentée. Il est illusoire de penser que nous ne sommes pas comme le reste des hommes; eux sont rapaces, injustes, adultères... La grande sagesse de l'Église nous engage à reconnaître au début de chaque messe que nous sommes pécheurs. C'est un grand moment de vérité qui nous rappelle notre véritable condition et la miséricorde infinie de Dieu notre Père.

Le sacrement du pardon

Même sur le bon chemin, on peut avoir des défaillances et répéter de vieux aveuglements. La faute interdit toute prétention à l'innocence et ouvre à la compréhension d'autrui. Même si le pardon est quotidien comme le pain, l'Église demande de le célébrer dans le sacrement de pénitence au moins une fois l'an (CÉC, n° 1457). Ce sacrement est comme un second baptême, une seconde planche de salut après le naufrage du péché. Il célèbre la réconciliation avec Dieu et avec l'Église, et la rémission des péchés, mais n'enlève ni les conséquences temporelles de nos faiblesses ni la propension au mal. Le combat spirituel se poursuit tout au long de la vie.

Selon le nouveau rituel publié en 1974, la démarche pénitentielle est surtout un moment de vérité, une grâce d'honnêteté, une occasion de sincérité, un moyen de guérison spirituelle. Où en suis-je dans ma vie chrétienne à la lumière de la parole de Dieu? Qu'est-ce qui va bien dans ma vie de disciple de Jésus et me donne l'occasion de rendre grâce? Qu'est-ce qui est difficile, pénible, peccamineux dans mon existence chrétienne et m'amène à demander pardon?

Le nouveau rituel comporte plusieurs étapes. (1) Le pénitent et le confesseur se saluent et le prêtre bénit celui qui vient célébrer le sacrement. (2) Une lecture de la parole de Dieu est faite par le pénitent qui a choisi un passage biblique adapté à sa situation. Le texte vise à éclairer la conscience et à susciter la contrition. Voici un extrait de l'évangile de Luc qui pourrait servir de «miroir»:

> Je vous le dis, à vous qui m'écoutez: «Aimez vos ennemis, faites du bien à ceux qui vous haïssent. Souhaitez du bien à ceux qui vous maudissent, priez pour ceux

qui vous diffament. À celui qui te frappe sur une joue, présente l'autre. À celui qui te prend ton manteau, laisse prendre aussi ta tunique. Donne à quiconque te demande, et ne réclame pas à celui qui te vole. Ce que vous voulez que les autres fassent pour vous, faites-le aussi pour eux. Si vous aimez ceux qui vous aiment, quelle reconnaissance pouvez-vous attendre? Même les pécheurs aiment ceux qui les aiment. Si vous prêtez quand vous êtes sûrs qu'on vous rendra, quelle reconnaissance pouvez-vous attendre? Même les pécheurs prêtent aux pécheurs pour qu'on leur rende l'équivalent. Au contraire, aimez vos ennemis, faites du bien et prêtez sans rien attendre en retour. Alors votre récompense sera grande, et vous serez les fils du Dieu très-haut, car il est bon, lui, pour les ingrats et les méchants. Soyez miséricordieux comme votre Père est miséricordieux. Ne jugez pas, et vous ne serez pas jugés; ne condamnez pas, et vous ne serez pas condamnés. Pardonnez, et vous serez pardonnés. Donnez, et vous recevrez: une mesure bien pleine, tassée, secouée, débordante, qui sera versée dans votre tablier; car la mesure dont vous vous servez pour les autres servira aussi pour vous.» (Lc 6, 27-38)

Certains préfèrent réfléchir à partir d'une liste de péchés. Le Nouveau Testament fournit plusieurs catalogues de vices, qui circulaient d'ailleurs dans la littérature païenne et juive du temps. En voici quelques exemples: Rm 1, 28-32; 1 Co 6, 9-10; Ga 5, 19-21; Ep 5, 3-5.

Dans la pensée de Paul, tous ont péché, juifs et païens, et le monde entier est coupable devant Dieu

(Rm 3, 9.19.23). Là où l'Écriture a tout enfermé sous le péché, afin que la promesse fût accordée à ceux qui croient au Christ (Rm 3, 22), le Père a enfermé tous les humains dans la désobéissance, afin de faire à tous miséricorde (Rm 11, 32). Le péché n'est pas le dernier mot du rapport entre l'humanité et Dieu. «La miséricorde est le plus grand des attributs de Dieu.» (Jean-Paul II) Au temps de sa patience, Dieu effaçait déjà les péchés d'autrefois; au temps présent, sa manière d'être juste, c'est de rendre juste celui qui met sa foi en Jésus (Rm 3, 25-26). C'est par pur amour gratuit que le Père pardonne nos infidélités et nos péchés. Après la lecture du passage biblique, (3) le confesseur incite le pénitent à se repentir, à changer radicalement l'orientation de sa vie, à se détourner du mal et à se tourner vers Dieu. Puis (4) le pénitent fait son bilan de vie chrétienne. Même si le début de tout péché comporte un mensonge du tentateur: «Manger du fruit défendu te rendra heureux...», chacun doit reconnaître humblement: «J'ai péché.» Quand l'homme ne se considère plus comme personnellement responsable de ses actes, c'est sa dignité d'homme qui est mise en péril. À partir du passage biblique qu'il vient de lire, le pénitent rend grâce à Dieu pour tout ce qui est beau, bon, excellent dans sa vie, depuis sa dernière confession personnelle; puis il confesse ses limites, ses misères et ses péchés. Parce qu'il se sait pardonné, le chrétien devient capable d'avouer son péché. S'il le désire, il peut demander conseil au confesseur ou lui confier ses inquiétudes. Le confesseur (5) propose ensuite une pénitence et (6) prononce la formule d'absolution. Le pénitent (7) exprime son action de grâce dans une prière de louange et le prêtre (8) le renvoie avec une dernière bénédiction.

Deux pommes!

À un groupe d'élèves de cinquième et sixième années, j'avais un jour proposé de se présenter au confesseur en apportant deux «pommes». Une belle pomme: ce qu'il y avait de beau dans leur vie quotidienne, et une pomme tombée et ratatinée: ce qu'il y avait de laid, de misérable dans leur conduite. Les enfants ont fait merveilleusement. Tu peux aussi aller voir un confesseur en apportant deux «pommes»!

Le confesseur est le signe et l'instrument de l'amour miséricordieux de Dieu envers le pénitent. Prends rendez-vous, si nécessaire. Va dans un monastère, dans un lieu de pèlerinage ou simplement à ta paroisse. Prends le temps de parler avec le prêtre, de brosser le portrait de ta vie depuis ta dernière confession. C'est un grand moment d'authenticité, de vérité, de lumière et de guérison spirituelle.

Le Père des miséricordes pardonne les péchés, mais les conséquences temporelles des fautes demeurent. Si j'ai commis un meurtre, Dieu me pardonne, mais la justice civile me poursuivra. Si je pratique la promiscuité sexuelle, le Père me pardonne, mais je cours le risque de contracter une infection vénérienne.

On pourrait aussi parler des effets néfastes du tabagisme, de l'abus d'alcool ou de drogue, ou de l'esclavage des mauvaises habitudes de tout genre. Le pénitent est invité à accepter comme une purification les conséquences des péchés commis.

La conversion se manifeste de bien des façons dans la vie quotidienne. En voici quelques exemples: les gestes de réconciliation, le souci des pauvres, la défense de la justice et du droit, l'aveu de ses fautes aux frères (Jc 5, 16), la révision de vie, l'examen de conscience, la direction spirituelle, l'acceptation des souffrances, l'endurance de la persécution à cause de la justice. Prendre sa croix chaque jour et suivre Jésus demeurent le chemin le plus sûr de la pénitence (n° 1435). Seule la vie vertueuse rend profondément heureux.

Pour aller plus loin

La lecture quotidienne de la Bible devient une préparation continuelle à la célébration occasionnelle du pardon. Ne laissons jamais passer une journée sans avoir lu au moins quelques versets de l'Écriture, car la parole de Dieu transforme imperceptiblement celui qui la lit.

> La pluie et la neige qui descendent des cieux n'y retournent pas sans avoir abreuvé la terre, sans l'avoir fécondée et l'avoir fait germer, pour donner la semence au semeur et le pain à celui qui mange; ainsi ma pa-

> role, qui sort de ma bouche, ne me reviendra pas sans résultat, sans avoir fait ce que je veux, sans avoir accompli sa mission. (Is 55, 10-11)

«La force et la puissance que recèle la parole de Dieu sont si grandes qu'elles constituent [...] pour les enfants de l'Église la force de leur foi, la nourriture de leur âme, la source pure et permanente de leur vie spirituelle.» (*Dei verbum*, n° 21)

5

UN MOMENT DE SALUT

L'*Évangile selon saint Jean* ne raconte pas l'institution de l'eucharistie à la dernière Cène, mais le lavement des pieds. En revanche, l'évangéliste présente un discours de Jésus sur le pain de vie, donné à Capharnaüm. Le thaumaturge de Nazareth a multiplié les pains pour la foule et les disciples ont rempli douze paniers avec les morceaux qui restaient des cinq pains d'orge après le repas. Jésus se retire, tout seul, dans la montagne.

> Le lendemain, la foule restée sur l'autre rive du lac se rendit compte qu'il n'y avait eu là qu'une seule barque, et que Jésus n'y était pas monté avec ses disciples, qui étaient partis sans lui. Cependant, d'autres barques, venant de Tibériade, étaient arrivées près de l'endroit où l'on avait mangé le pain après que le Seigneur eut rendu grâce. La foule s'était aperçue que Jésus n'était pas là, ni ses disciples non plus. Alors ils prirent les barques et se dirigèrent vers Capharnaüm à la recherche de Jésus. L'ayant trouvé sur l'autre rive, ils lui dirent: «Rabbi, quand es-tu arrivé ici?» Jésus leur répondit: «Amen, amen, je vous le dis: vous me cher-

> chez, non parce que vous avez vu des signes, mais parce que vous avez mangé du pain et que vous avez été rassasiés. Ne travaillez pas pour la nourriture qui se perd, mais pour la nourriture qui se garde jusque dans la vie éternelle, celle que vous donnera le Fils de l'homme, lui que Dieu le Père a marqué de son empreinte.» Ils lui dirent alors: «Que faut-il faire pour travailler aux œuvres de Dieu?» Jésus leur répondit: «L'œuvre de Dieu, c'est que vous croyiez en celui qu'il a envoyé.» Ils lui dirent alors: «Quel signe vas-tu faire pour que nous puissions le voir, et te croire? Quel œuvre vas-tu faire? Au désert, nos pères ont mangé la manne; comme dit l'Écriture: *Il leur a donné à manger le pain venu du ciel.*» Jésus leur répondit: «Amen, amen, je vous le dis: ce n'est pas Moïse qui vous a donné le pain venu du ciel; c'est mon Père qui vous donne le vrai pain venu du ciel. Le pain de Dieu, c'est celui qui descend du ciel et qui donne la vie au monde.» Ils lui dirent alors: «Seigneur, donne-nous de ce pain-là, toujours.» (Jn 6, 22-34)

Le Père est la source inépuisable de toute vie, de toute bénédiction. Tout vient de lui. Quand le Père bénit, il donne la vie. Le pain venu du ciel que demandaient les auditeurs de Jésus à Capharnaüm est un don de Dieu. C'est le Père qui donne le vrai pain de vie.

Le sacrement par excellence

Le *Catéchisme de l'Église catholique* ne cesse de célébrer la gloire de l'eucharistie. C'est le sacrement des sacrements, le grand sacrement, le sacrement par excellence, le sacrement de la rédemption; l'eucharistie est la source et le sommet de la vie chrétienne, le résumé et la somme de notre foi; elle est anticipation de la vie éternelle et du repas des noces de l'Agneau dans la Jérusalem céleste, et avant-goût de la gloire future. Elle est fête et célébration, action de grâce, louange et glorification du Père.

«L'eucharistie se rattache de trois façons différentes à Jésus Christ: préfigurée dans les repas que Jésus a partagés avec ses disciples durant sa vie terrestre, elle est instituée par lui lors de la dernière Cène, la veille de sa mort, et cette institution reçoit en quelque sorte une confirmation lorsque le Ressuscité apparaît au cours de repas pris en commun par les disciples.»

En tant que sacrifice du Christ offert pour la rémission des péchés, l'eucharistie nous libère de nos fautes quotidiennes et nous préserve des péchés mortels. En elle sont étroitement liés la glorification de Dieu et le pardon des péchés. L'eucharistie est le lieu par excellence où le Père donne la vie.

Au cours de ses nombreux voyages, le pape Jean-Paul II préside toujours des eucharisties très solennelles avec de grandes communautés célébrantes. La messe, c'est le salut du monde. Nos célébrations quotidiennes ou dominicales ne sont pas aussi festives que celles du Saint-Père, mais elles gardent la même valeur de salut universel. Le concile Vatican II nous l'a rappelé avec vigueur et à plusieurs reprises: «Chaque fois qu'est célébrée l'eucharistie, c'est l'œuvre de la rédemption qui s'accomplit.» (*Lumen gentium*, n° 3; *Sacrosanctum concilium*, n° 2; *Presbyterorum ordinis*, n° 13) Le *Catéchisme* reprend la même doctrine (n°s 1068; 1364; 1405), tout comme la liturgie: «Puisque c'est toi (Dieu notre Père) qui nous donnes maintenant de célébrer l'eucharistie, fais qu'elle soit pour nous le gage du salut éternel.» Aller à la messe, c'est entrer chaque fois dans la grande histoire du salut qui conduit toute l'humanité au Père.

À la messe dominicale, la famille des enfants de Dieu dispersés se rassemble avec Jésus, sous la poussée de l'Esprit, pour rendre grâce à Dieu le Père qui nous donne son pardon, sa parole, son pain et sa paix. Je parlerai du pardon à la messe dans le prochain chapitre. J'aimerais m'arrêter brièvement aux trois autres dons.

La parole

La parole de Dieu, qui nous vient par l'intermédiaire des quarante-six écrits de l'Ancien Testament et des vingt-sept livres du Nouveau, nous révèle un grand projet de salut. Écouter les lectures à la messe, c'est entendre la voix de Dieu le Père derrière celle de l'écrivain sacré. Jésus nous a révélé que Yahvé, Élohim, Adonaï, El ou El Shaddaï, c'était le Père.

> J'ai aimé Israël dès son enfance, et, pour le faire sortir d'Égypte, j'ai appelé mon fils. C'est moi qui lui apprenais à marcher, en le soutenant de mes bras, et il n'a

pas compris que je venais à son secours. Je le guidais avec humanité, par des liens de tendresse; je le traitais comme un nourrisson qu'on élève contre sa joue; je me penchais vers lui pour le faire manger. Mon peuple est cramponné à son infidélité. Comment t'abandonnerais-je, Israël? Comment te traiterais-je comme Adma, te rendrais-je semblable à Çeboyim?

> [Ces deux villes tiennent dans la tradition «élohiste» la place de Sodome et Gomorrhe dans la tradition «yahviste».]

Non! Mon cœur en moi est bouleversé; toutes mes entrailles frémissent. Je ne donnerai pas cours à l'ardeur de ma colère, je ne détruirai plus Israël, car je suis Dieu, et non pas homme: au milieu de vous je suis le Dieu saint, et je ne viens pas pour exterminer. (Os 11, 1-4.7-9)

Éphraïm est-il donc pour moi un fils si cher, un enfant tellement préféré, que chaque fois que j'en parle je veuille encore me souvenir de lui? C'est pour cela que mes entrailles s'émeuvent pour lui, que pour lui déborde ma tendresse, oracle de Yahvé. (Jr 31, 20)

Dans ces deux passages bouleversants des prophètes Osée et Jérémie, Dieu parle à tout son peuple et à chacun de nous. Il a mille raisons de sévir, mais il ne peut s'y résoudre, tant ses entrailles paternelles se retournent; il pardonne plutôt. Toute l'histoire du salut est écrite dans ces quelques versets. «Je vais pardonner leur crime et ne plus me souvenir de leur péché.» (Jr 31, 34)

À chaque eucharistie, tous les enfants de Dieu rassemblés découvrent un peu plus qu'il n'y a «qu'un seul Dieu et Père de tous, qui est au-dessus de tous, parmi tous et en tous» (Ep 4, 6). La parole de salut donne naissance et croissance à la communauté chrétienne (n° 1101); elle nourrit la foi dans le cœur des chrétiens qui entendent la voix de leur Père.

Le pain

En plus de sa parole, le Père nous donne à chaque messe le pain de la vie et la coupe du salut.

> Tu es béni, Dieu de l'univers, toi qui nous donnes ce pain... Il deviendra le pain de la vie.
> Tu es béni, Dieu de l'univers, toi qui nous donnes ce vin... Il deviendra le vin du Royaume éternel.

Par la puissance de son Esprit, le Père transforme les offrandes en la présence du corps et du sang de son Fils bien-aimé.

> Toi qui es vraiment saint... sanctifie ces offrandes en répandant sur elles ton Esprit; qu'elles deviennent pour nous le corps et le sang de Jésus, le Christ, notre Seigneur.

L'effusion de l'Esprit Saint actualise le mystère. «L'Esprit Saint fait irruption et accomplit cela qui surpasse toute parole et toute pensée.» (n° 1106) «Ce pain, c'est moi, pourrait dire Jésus. Cette coupe, c'est la vie éternelle.» Nous rendons grâce au Père pour la mort et la résurrection du Christ, pour le pain de la vie et la coupe du salut, pour le sacrifice qui nous rétablit dans sa grâce et pour la présence de l'Esprit qui tisse des liens de charité toujours plus forts dans la communauté chrétienne. Nous intercédons pour les responsables de l'Église et remercions le Père d'avoir accueilli les défunts dans la lumière, auprès de lui; nous prions pour tous les vivants en demandant l'intercession des saints. Nous élevons enfin le pain et la coupe pour la glorification parfaite du Père; toute la création y trouve son sens et son achèvement:

> À toi, Dieu le Père tout-puissant,
> tout honneur et toute gloire
> pour les siècles des siècles.
> Amen.

La paix

Après avoir récité le Notre Père, nous demandons à celui qui ne nous fera jamais de mal, ni à nous ni à personne, de nous donner la paix. La paix, c'est la plénitude de tous les biens, le salut. Elle inclut le pardon, le bonheur promis, l'absence de guerre et la vie éternelle. Le Père nous donne sa paix par l'intermédiaire de son Fils.

Le pain reçu en communion

Le Père nous donne en communion le signe et le gage du banquet éternel. La réception du corps et du sang du Christ nous lie à lui de la manière la plus étroite qui soit. Il entre en nous tout entier et nous entrons tout entiers en lui. Cette union intime nous purifie de nos péchés, augmente en nous le don de la vie éternelle et ravive la joyeuse espérance du salut. Elle nous guérit aussi des maux du péché et nous procure des forces neuves pour résister aux tentations à venir et tenir bon jusqu'au bout dans la souffrance et les épreuves. La communion affermit enfin notre courage et notre espérance dans le combat spirituel qui conduit aux sommets de la vie mystique.

Les indulgences

Les indulgences se définissent comme la remise des peines temporelles dues pour les fautes déjà pardonnées. La peine est la «trace laissée par le péché après le pardon». En pratique, il faut bien admettre que les indulgences n'abrègent, ni ne diminuent, ni n'enlèvent les souffrances qui sont conséquences de nos péchés. Les sept sacrements de la Nouvelle Alliance suffisent abondamment au pardon de tous les péchés et à la guérison spirituelle. L'eucharistie contient à elle seule tout le trésor spirituel de l'Église, c'est-à-dire le prix infini des expiations et des mérites de Jésus, de sa mère et de tous les saints. Reçue en communion, elle est d'une richesse inépuisable; elle ouvre largement pour nous la source de toute bénédiction et renouvelle nos esprits et nos corps. L'énergie spirituelle puisée à cette source nous rend capables de supporter les conséquences de la fragilité humaine, de lutter contre l'inclination au péché, d'accepter patiemment les vicissitudes de la vie et d'accueillir la mort avec sérénité. Pour tout secours spirituel, toute guérison intérieure ou toute délivrance d'un attachement malsain aux créatures, il suffit de recueillir les fruits de salut contenus dans le pain de vie. De même qu'une meilleure compréhension de la nécessité toute relative du baptême pour aller au ciel rend les limbes des enfants désormais inutiles, de même une meilleure intelligence de la valeur inépuisable de l'eucharistie reçue en communion rend les indulgences probablement superflues.

Allez en paix

Après avoir reçu le pain de vie, nous rentrons chacun chez nous le cœur en paix pour continuer de collaborer au bonheur de ceux qui nous entourent. Pas d'eucharistie sans «lavement des pieds»! La messe nourrit notre engagement au service de nos frères et sœurs et nous rend capables d'œuvrer à la réconciliation entre les hommes. Au sortir de l'église, nous nous savons en marche vers la vie éternelle, vers le festin nuptial où le Père sera tout en tous.

Ô banquet sacré,
où le Christ est reçu en nourriture,
où se célèbre le mémorial de sa passion,
où l'âme est comblée de grâce,
où nous est donné le gage de la gloire à venir.

Les premières communautés chrétiennes se rassemblaient le premier jour de la semaine pour la fraction du pain. L'évêque martyr Ignace d'Antioche dit déjà, au commencement du deuxième siècle, qu'être chrétien consiste à vivre «dans l'esprit du dimanche». L'usage de la célébration dominicale s'est perpétué jusqu'à nos jours. «Toutes les fois que le sacrifice de la Croix par lequel le Christ notre Pâque a été immolé se célèbre sur l'autel, l'œuvre de notre rédemption s'accomplit.» (n° 1364) «Qui mange ma chair et boit mon sang, dit Jésus, a la vie éternelle et je le ressusciterai au dernier jour.» (Jn 6, 54)

Réjouis-toi! La messe sauve le monde. L'effusion de l'Esprit transforme le pain et le vin en la présence de Jésus et nous transforme aussi en une vivante offrande à la louange de la gloire du Père.

6

EUCHARISTIE ET PARDON

Les textes du Nouveau Testament concernant la dernière Cène soulèvent aujourd'hui de nombreuses questions historiques. Aucun de ces textes ne s'accorde mot pour mot avec les autres (Mc 14, 22-25; Mt 26, 26-29; Lc 22, 15-20; 1 Co 11, 23-25), mais tous attestent que l'Église primitive a recueilli d'une manière vivante ce qu'elle avait reçu du Seigneur. Relisons le récit de Matthieu.

> Pendant le repas, Jésus prit du pain, prononça la bénédiction, le rompit et le donna à ses disciples, en disant: «Prenez, mangez: ceci est mon corps.» Puis, prenant une coupe et rendant grâce, il la leur donna, en disant: «Buvez-en tous, car ceci est mon sang, le sang de l'alliance, répandu pour la multitude en rémission des péchés. Je vous le dis: désormais je ne boirai plus de ce fruit, jusqu'au jour où je boirai un vin nouveau avec vous dans le Royaume de mon Père.» (Mt 26, 26-29)

Le mot «corps» désigne toute la personne dans le langage sémitique. «Ceci est mon corps» veut dire «c'est moi». Manger le corps, c'est s'incorporer la personne. Le mot «sang» renvoie au principe vital de l'être humain. Dans la pensée biblique, la vie est dans le sang (Lv 17, 11.14). «Ceci est mon sang» pourrait se traduire: «Ceci est ma vie.» Boire le sang, c'est s'approprier la vie. «Répandu pour la multitude» signifie «versé pour tous sans exception». «Il est la victime offerte pour nos péchés, et non seulement les nôtres, mais encore pour ceux du monde entier.» (1 Jn 2, 2) La formule «en rémission des péchés» nous rappelle que nous sommes à la source même du salut qui comporte toujours deux aspects: le pardon des péchés et la vie éternelle. La présence de Jésus dans l'eucharistie n'indique pas seulement la présence de sa personne, mais aussi l'actualisation de son œuvre de salut. Par sa mort sur la croix, Jésus accomplit la rédemption définitive de l'humanité et réconcilie tous les hommes avec le Père.

> Les gens lui dirent alors: «Seigneur, donne-nous de ce pain-là, toujours.» Jésus leur répondit: «Moi, je suis le pain de la vie. Celui qui vient à moi n'aura plus jamais faim; celui qui croit en moi n'aura plus jamais soif. Mais je vous l'ai déjà dit: vous avez vu, et pourtant vous ne croyez pas. Tous ceux que le Père me donne viendront à moi; et celui qui vient à moi, je ne vais pas le jeter dehors. Car je ne suis pas descendu du ciel pour faire ma volonté, mais pour faire la volonté de celui qui m'a envoyé. Or la volonté de celui qui m'a en-

> voyé, c'est que je ne perde aucun de ceux qu'il m'a donnés, mais que je les ressuscite au dernier jour. Car la volonté de mon Père, c'est que tout homme qui voit le Fils et croit en lui obtienne la vie éternelle; et moi, je le ressusciterai au dernier jour. (Jn 6, 34-40)

La volonté du Père, c'est que tous soient sauvés et parviennent à la communion avec lui. Cette volonté est toujours efficace. Le dessein salvifique de Dieu embrasse tout l'univers et justifie notre espérance en un salut universel. À la fin, il sera tout en tous.

L'eucharistie demeure un grand moment de salut. L'aspect de pardon est merveilleusement présent à la messe. Le concile de Trente, dans un texte souvent passé sous silence, affirme la valeur vraiment propitiatoire du sacrifice du Christ, tant pour les vivants que pour les morts. Son offrande nous rend Dieu propice, tout disposé à nous pardonner. «Apaisé par cette oblation, le Seigneur, en accordant la grâce et le don de la pénitence, remet les crimes et les péchés, si grands soient-ils.» (DS, n° 1743) À chaque messe, le Père pardonne tous les péchés, si grands soient-ils, et nous revêt d'une grâce et d'une justice resplendissantes. Quand arrive la grâce, le péché s'en va. Le *Catéchisme romain,* publié par le pape saint Pie V en 1566, applique ce principe général, qui vaut pour tous les sacrements, à la confirmation: «La confirmation remet et pardonne les péchés, puisqu'il est impossible de supposer un instant la grâce avec le péché.» Le *Catéchisme* de 1992 l'applique à l'eucharistie: quand arrive la grâce de l'eucharistie, les péchés s'en vont (n° 1393).

La grâce efficace et indubitable du pardon se trouve dans les sacrements de l'Église (n° 2839). Toutes les formes de la pénitence quotidienne doivent déboucher dans la célébration de l'eucharistie, le sacrifice par excellence de notre réconciliation. L'eucharistie est au-dessus de tous les sacrements et elle est la fin à laquelle ils tendent tous (n° 1374). Elle achève et dépasse tous les sacrifices de l'Ancienne Alliance, qui étaient bien impuissants à pardonner les péchés. «Il est impossible, en effet, que le péché soit enlevé par le sang des animaux.» (He 10, 4) La liturgie sacrificielle des prêtres dans le Temple de Jérusalem n'a jamais pu enlever les fautes, alors que l'unique sacrifice du Christ suffit à remettre les péchés du monde.

Un aspect de l'eucharistie: la rémission des péchés

L'eucharistie vise d'abord à rendre gloire au Père pour le salut du monde, mais il est bon de remarquer que le pardon des péchés est mentionné une quinzaine de fois tout au long de la célébration. Le rite d'ouverture nous demande de reconnaître que nous sommes pécheurs en vue d'obtenir le pardon des fautes. La tendance spontanée à toujours vouloir se justifier ou encore à se complaire dans un sentiment malsain de culpabilité referme l'homme sur lui-même, alors que le fait de se reconnaître pécheur devant le Père permet d'éviter ces deux écueils. Le croyant se découvre pécheur en même temps que pardonné.

> Si nous disons que nous n'avons pas de péché, nous nous égarons nous-mêmes et la vérité n'est pas en nous. Si nous reconnaissons nos péchés, lui qui est fidèle et juste nous pardonnera nos péchés et nous purifiera de tout ce qui nous oppose à lui. (1 Jn 1, 8-9)

«Je confesse à Dieu tout-puissant, je reconnais devant mes frères que j'ai péché en pensée, en parole, par action et par omission; oui, j'ai vraiment péché.» Puis le président de la célébration ajoute des paroles d'absolution sous forme de demande: «Que Dieu tout-puissant nous fasse miséricorde, qu'il nous pardonne nos péchés et nous conduise à la vie éternelle.» Cette formule déprécative comporte tous les éléments du salut: la miséricorde du Père, le pardon des péchés et la vie éternelle. Le Père des miséricordes est la source de tout pardon (n° 1449). Pas de salut sans la miséricorde de Dieu. Dès le début de la célébration, le Père nous couvre du manteau de sa miséricorde, du vêtement de noce. C'est le don du pardon.

La liturgie byzantine connaît plusieurs formules d'absolution, de forme déprécative. En voici une, utilisée lors de la célébration du sacrement de pénitence: «Que le Dieu, qui par le prophète Nathan, a pardonné à David lorsqu'il eut confessé ses propres péchés, et à Pierre lorsqu'il eut pleuré amèrement, et à la pécheresse lorsqu'elle eut répandu ses larmes sur ses pieds, et au pharisien et au prodigue, que ce même Dieu vous pardonne, par moi, pécheur, en cette vie et dans l'autre...» (n° 1481)

Parmi les nombreux moyens qui contribuent au pardon de nos péchés, il faut mentionner la contrition, cette «douleur de l'âme et détestation du péché commis avec la résolution de ne plus pécher à l'avenir» (n° 1451). La contrition est imparfaite quand elle s'arrête à la considération de la laideur du péché ou à la crainte de la damnation éternelle. Cette contrition de crainte enlève les péchés dits véniels (n° 1453). La contrition est parfaite quand elle est tournée vers Dieu aimé plus que tout; elle est alors inspirée par l'amour infusé en nous par Dieu. Une telle contrition de charité obtient même le pardon des péchés graves, si elle est liée à la ferme résolution de recourir dès que possible à la confession sacramentelle.

La liturgie eucharistique nous offre un bel exemple de contrition parfaite: «Seigneur, prends pitié. Ô Christ, prends pitié. Seigneur, prends pitié.» Et le Christ prend pitié en vertu du pouvoir reçu du Père. Il ne s'agit nullement d'une formule creuse, vide de sens et sans efficacité. Une parole liturgique fait ce qu'elle dit. Une parole de bénédiction bénit; une parole de consécration consacre; une parole d'action de grâce rend grâce; une parole de pardon pardonne. Cette triple invocation exprime une contrition tournée vers le Christ et obtient le pardon des péchés (n° 1452). Le publicain dans le Temple n'osait même pas lever les yeux au ciel, mais se frappait la poitrine en disant: «Mon Dieu, prends pitié du pécheur que je suis!» Quand il rentra chez lui, il était devenu juste.

Dans le Gloire à Dieu, nous revenons à la charge: «Toi qui enlèves le péché du monde, prends pitié de nous; toi qui enlèves le péché du monde, reçois notre prière; toi qui es assis à la droite du Père, prends pitié de nous.» Et l'Agneau de Dieu prend pitié.

Après la lecture de l'Évangile, le prêtre baise le livre en disant: «Que cet Évangile efface nos péchés.» La lecture de l'Évangile dans la liturgie donne la vie et enlève les péchés. Dans le Credo, nous proclamons notre foi à la rémission des fautes. Le péché n'entre dans la profession de foi que dans l'affirmation de son pardon.

Les paroles mêmes du récit de l'institution rappellent le pardon des péchés: «Le sang... versé pour vous et pour la multitude en rémission des péchés.» Dans l'eucharistie, par la parole et le signe du pain et du vin, le sacrifice de Jésus sur la croix et l'ensemble de son œuvre de salut sont sacramentellement présents et agissants. «Jésus est la victime offerte pour nos péchés, et non seulement les nôtres, mais encore pour ceux du monde entier.» (1 Jn 2, 2) Le sacrifice eucharistique a une valeur de rédemption et de réparation, d'expiation et de satisfaction: il sauve le monde. (n° 616) Le *Catéchisme romain* de 1566 affirme que «si son Fils unique a versé son sang, c'était pour nous purifier de nos crimes»; quatre siècles plus tard, la *Liturgie des heures* de 1970 ne dit rien d'autre: «Le sang de Jésus nous purifie de tout péché.»

Dans le Notre Père, nous demandons que nos péchés soient pardonnés comme nous pardonnons à nos débiteurs. Dans la prière qui suit, nous supplions le Père de nous délivrer de tout mal et de nous libérer du péché dans sa miséricorde. Puis nous implorons le Fils de ne pas regarder nos péchés, mais la foi de l'Église. Nous répétons ensuite à plusieurs reprises: «Agneau de Dieu, qui enlèves le péché du monde, prends pitié de nous.»

En se préparant à la communion, le président dit à voix basse: «Que ton corps et ton sang me délivrent de mes péchés et de tout mal.» La communion délivre du péché. Et finalement, en présentant le pain sacré à toute la communauté célébrante, le président proclame: «Voici l'Agneau de Dieu qui enlève le péché du monde.» C'est l'invitation même qui nous rend dignes de recevoir le corps du Christ. «Prenez et mangez-en tous. — Seigneur, je ne suis pas digne, mais à ton invitation, je mangerai.» Quelle merveille! Heureux les invités au repas du Seigneur! L'eucharistie est le pain des pauvres, des estropiés, des aveugles et des boiteux que nous sommes.

Dans un texte remarquable, saint Ambroise (340-397) affirme: «Si, chaque fois que son sang est répandu, il est répandu pour la rémission des péchés, je dois toujours le recevoir, pour que toujours il remette mes péchés.» (n° 1393) Le *Catéchisme romain* cite un passage non moins étonnant de saint Augustin (354-430): «Vous péchez tous les jours; communiez tous les jours.» La préface du Jeudi saint reprend la même doctrine: «Quand nous mangeons sa chair immolée, nous sommes fortifiés; quand nous buvons le sang qu'il a versé pour nous, nous sommes purifiés.» La communion au sang du Christ remet nos péchés. La prière finale de la messe votive pour demander le pardon des péchés rend grâce en toute confiance: «Après avoir reçu dans l'eucharistie le pardon de nos offenses, nous te supplions, Dieu de miséricorde, que ta grâce nous aide à éviter désormais le péché et à te servir d'un cœur sans partage.»

On dit que «l'eucharistie n'est pas ordonnée au pardon des péchés mortels» (n° 1395), et c'est juste; elle est d'abord et avant tout ordonnée à la glorification du Père, par le Fils, dans l'Esprit Saint, puis à la célébration du salut du monde. Reçue en communion, l'eucharistie «porte comme fruit principal l'union intime au Christ Jésus» (n° 1391). Et comme le dit judicieusement le *Catéchisme de l'Église catholique*, «le corps du Christ que nous recevons dans la communion est "livré pour nous", et le sang que nous buvons, est "versé pour la multitude en rémission des péchés". C'est pourquoi l'eucharistie ne peut pas nous unir au Christ sans nous purifier en même temps des péchés commis et nous préserver des péchés futurs.» (n° 1393)

Communion sacrilège

Si l'eucharistie est vraiment sacrement de notre rédemption, aliment et gage de salut éternel, peut-on encore parler de communion sacrilège? Oui, si celui qui communie veut absolument profaner le corps du

Christ. Ce que Paul demande aux chrétiens de Corinthe, c'est de discerner la sainte présence (1 Co 11, 29). Estimer que la bouchée reçue n'est qu'un pain ordinaire signifierait manger sa propre condamnation. Voilà pourquoi l'Église propose la formule: «Le corps du Christ», à laquelle le communiant donne une réponse pleine de foi: «Amen!» Il discerne ainsi le corps, qui enlève le péché et rend digne de communier. La communion au pain de vie et à la coupe du salut apporte la rédemption, non la damnation. Nous pouvons l'affirmer en toute assurance: «Le sacrifice du Christ devient secrètement la source de laquelle jaillira intarissablement le pardon des péchés.» (n° 1851) Chaque fois que ce mystère est célébré, nous «rompons un même pain qui est remède d'immortalité, antidote pour ne pas mourir, mais pour vivre en Jésus Christ pour toujours» (n° 1405). Alors que la lumière chasse les ténèbres, la communion eucharistique enlève les péchés et donne la force de vivre davantage comme des sauvés. À la fois pain des forts et pain des faibles, elle est destinée aux pauvres, aux estropiés, aux aveugles et aux boiteux, bref à tous les enfants de Dieu, sans oublier les personnes divorcées et remariées, ces êtres meurtris par une union qui n'en était plus une.

Pour aller plus loin

L'assemblée dominicale doit demeurer un rendez-vous hebdomadaire incontournable. «Ne désertez pas votre propre assemblée, comme quelques-uns ont coutume de le faire...» (He 10, 25) À chaque messe, le salut du monde s'accomplit, mais le défi demeure entier au sortir de l'église: aimer le Père avec un cœur sans partage et servir le prochain avec une charité sans faille, allant même jusqu'au don de sa vie. L'engagement pour la justice sociale découle de la participation à l'eucharistie.

Réjouis-toi! Le Père te pardonne tes péchés de jour en jour et de messe en messe. Ne néglige cependant pas de célébrer le sacrement de la réconciliation au moins une fois l'an.

7

PIERRE ET JUDAS

L'*Évangile selon saint Matthieu* raconte l'un après l'autre le repentir de Pierre et celui de Judas. Pierre a regretté son triple reniement et Judas sa trahison. Lisons le texte.

> Quant à Pierre, il était assis dehors dans la cour. Une servante s'approcha de lui: «Toi aussi, tu étais avec Jésus le Galiléen!» Mais il nia devant tout le monde: «Je ne sais pas ce que tu veux dire.» Comme il se retirait vers le portail, un autre le vit et dit aux gens qui étaient là: «Celui-ci était avec Jésus de Nazareth.» De nouveau, Pierre le nia: «Je jure que je ne connais pas cet homme.» Peu après, ceux qui se tenaient là s'approchèrent de Pierre: «Sûrement, toi aussi, tu fais partie de ces gens-là; d'ailleurs ton accent te trahit.» Alors, il se mit à protester violemment et à jurer: «Je ne connais pas cet homme.» Aussitôt un coq chanta. Et Pierre se rappela ce que Jésus lui avait dit: «Avant que le coq chante, tu m'auras renié trois fois.» Il sortit et pleura amèrement. (Mt 26, 69-75)

Le matin venu, tous les chefs des prêtres et les anciens du peuple tinrent conseil contre Jésus pour le faire condamner à mort. Après l'avoir ligoté, ils l'emmenèrent pour le livrer à Pilate, le gouverneur. Alors Judas, le traître, fut pris de remords en le voyant condamné; il rapporta les trente pièces d'argent aux chefs des prêtres et aux anciens. Il leur dit: «J'ai péché en livrant à la mort un innocent.» Ils répliquèrent: «Qu'est-ce que cela nous fait? Cela te regarde!» Jetant alors les pièces d'argent dans le Temple, il se retira et alla se pendre. (Mt 27, 1-5)

Pierre

Le plus grand péché des Évangiles, c'est celui de Pierre. Jésus l'avait choisi pour faire partie des Douze; il a entendu toute la prédication de son maître et a été témoin de tous ses miracles; il était sur la montagne lors de la Transfiguration et a vu la fillette de Jaïre revenir à la vie; il a même fait quelques pas sur les eaux du lac. Il a reconnu que Jésus était le Messie et au cours du dernier repas, il a déclaré: «Si tous viennent à tomber à cause de toi, moi, je ne tomberai jamais... Même si je dois mourir avec toi, je ne te renierai pas.» C'est ce même Pierre qui dira devant quelques badauds: «Je ne connais pas cet homme.» Voilà la lâcheté par excellence. Ce péché guette tous les chrétiens. Dans l'*Évangile selon saint Marc*, le péché par excellence consiste à rougir de Jésus et de ses paroles. Tel est bien le péché de Pierre. Mais il pleura amèrement et fut pardonné. À tout péché, miséricorde. Qu'en est-il de Judas?

Judas

Les quelques versets de Matthieu sont éclairants. Quand il apprend que Jésus a été condamné à mort, Judas est pris de remords et rapporte les trente pièces d'argent aux prêtres et aux anciens en disant: «J'ai péché.» Matthieu présente Judas comme le parfait pénitent. Il a péché; il le reconnaît et rapporte le fruit de sa trahison. Si tu étais confesseur et que quelqu'un vienne te dire: «J'ai volé 1000 dollars, mais j'ai tellement regretté mon geste que j'ai remis l'argent», ne considérerais-tu pas que tout est rentré dans l'ordre, puisque la somme volée a été retournée? Judas pouvait rapporter l'argent, mais il ne pouvait empêcher que Jésus fût exécuté.

«Et il se retira et alla se pendre.» Comment expliquer ce geste? On dit souvent que, pris de désespoir, Judas a douté du pardon de Dieu et a mis fin à ses jours. Si tel était le cas, nous savons que Dieu peut ménager aux suicidaires, par des voies connues de lui seul, l'occasion d'une salutaire repentance (CÉC, n° 2283). Mais une autre explication respecte beaucoup mieux le milieu juif. Judas connaît la loi de Moïse: «Si un homme blesse un compatriote, comme il a fait on lui fera: fracture pour fracture, œil pour œil, dent pour dent. Tel le dommage que l'on inflige à un homme, tel celui que l'on subit.» (Lv 24, 19-20)

Dans le cas de la chaste Suzanne et des deux vieillards libidineux qui l'accusaient faussement d'adultère, «selon la loi de Moïse, on leur fit subir la peine qu'ils avaient voulu faire subir à leur prochain. On les mit à mort.» (Dn 14, 62) Il ne suffit pas de regretter, il faut aussi réparer. Judas a tellement regretté son geste qu'il a voulu compenser vie pour vie.

«Il vaudrait mieux que cet homme-là ne soit pas né!» dit Jésus à l'occasion du dernier repas. Et pourtant il fallait bien que le Christ souffrît pour entrer dans sa gloire. Les actes libres des hommes ont contribué au salut du monde. Après coup, comme toujours, Pierre et Judas ont regretté ce qu'ils avaient fait, l'un en pleurant amèrement, l'autre en rapportant l'argent et en s'appliquant la loi du talion: vie pour vie. Il ne faut douter du salut ni de l'un ni de l'autre. L'évangéliste nous demande de n'imiter ni le reniement de Pierre ni la trahison de Judas.

Les deux larrons

Que penser des deux larrons sur la croix? Selon Marc et Matthieu, les deux brigands crucifiés avec Jésus l'outrageaient; les passants l'injuriaient et les grands prêtres se gaussaient de lui. L'évangéliste Luc présente les choses autrement. Dans son évangile, il aime les personnages contrastés qui représentent toute l'humanité. Pensons au bon Samaritain et au mauvais riche, aux deux fils perdus dans la parabole du père prodigue, au pharisien et au publicain dans le

Temple, au riche notable qui refuse l'invitation de Jésus et au riche publicain Zachée qui donne la moitié de ses biens aux pauvres. Les deux larrons représentent toute l'humanité. Lisons le texte.

> L'un des malfaiteurs suspendus à la croix l'injuriait: «N'es-tu pas le Messie? Sauve-toi, et nous avec!» Mais l'autre lui fit de vifs reproches: «Tu n'as aucune crainte de Dieu! Tu es pourtant un condamné, toi aussi! Et puis, pour nous, c'est juste: après ce que nous avons fait, nous avons ce que nous méritons. Mais lui, il n'a rien fait de mal.» Et il disait: «Jésus, souviens-toi de moi quand tu viendras inaugurer ton Royaume.» Jésus lui répondit: «Amen, je te le déclare: aujourd'hui, avec moi, tu seras dans le paradis.» (Lc 23, 39-43)

Le grand péché, dans l'évangile de Luc, consiste à s'estimer juste, et à juger et condamner les autres. Le fils aîné de la parabole et le pharisien dans le Temple s'estiment justes; le premier juge et condamne son frère cadet, alors que le second méprise le publicain venu comme lui prier au Temple. Le «bon» larron fait la morale à son compagnon d'infortune. Puis il demande le salut pour lui seul: «Souviens-toi de moi!» Il s'adresse à Jésus avec un vocabulaire plutôt religieux: «Quand tu viendras dans ton Royaume.» Et Jésus l'assure, séance tenante, qu'il sera aujourd'hui même dans le paradis. Et l'autre?

Il n'utilise pas le vocabulaire religieux de son compère. Il demande le salut de façon bien profane et non seulement pour lui, mais pour les trois: «Sauve-toi, et nous avec!» Là où le «bon» larron ne songe qu'à lui, le «mauvais» pense aux autres! Belle ironie de saint Luc! Demander le salut, de façon religieuse ou profane, c'est toujours l'obtenir. N'entretenons donc aucun doute sur le salut des deux larrons.

Le riche et Lazare

On s'inquiète parfois du sort du mauvais riche en lien avec le pauvre Lazare. Cette parabole raconte un exemple extrême de manque de charité. Dans la parabole du bon Samaritain, Luc a décrit un voyageur qui a montré une bienveillance extrême à l'égard d'un ennemi, à la différence des deux hommes de la religion qui passent outre sans s'arrêter. Les Juifs ne veulent rien avoir en commun avec les Samaritains. Et pourtant, le voyageur fut pris de pitié, s'approcha, banda les plaies du blessé, le chargea sur sa monture et le mena à l'hôtellerie. Il prit soin de lui; le lendemain il donna deux deniers à l'hôtelier et promit de rembourser toutes dépenses supplémentaires (Lc 10, 29-37). À l'autre extrême, l'évangéliste nous propose un exemple d'absence complète de charité. Un riche portait des habits de luxe et faisait chaque jour des festins somptueux, mais il laissa Lazare mourir de faim à sa porte. Si un tel homme existait, il serait condamné pour l'éternité (Lc 16, 19-30). En pratique, notre vie se situe plutôt entre ces deux extrêmes. Nous n'aurons jamais la charité inouïe du bon Samaritain, mais nous manifestons souvent de la bienveillance à l'égard de ceux qui sont dans le besoin autour de nous. Et le «grand abîme»?

L'enfer

Si le temps est venu de mettre les limbes aux oubliettes, de laisser les indulgences reposer en paix après des siècles de loyaux services et d'oublier le purgatoire dans sa version «tout feu tout flammes», que faut-il dire de l'enfer? Les pages menaçantes de l'Évangile rappellent aux chrétiens la nécessaire vigilance. Dans les «discours d'avertissement», l'enfer apparaît comme une possibilité réelle. Nous sommes invités à vivre comme des enfants du Père, sauvés par sa seule miséricorde. Le salaire du péché, c'est la mort, et nous mourrons tous. La mort est la grande expiation de nos péchés. Mais le don gratuit de Dieu, c'est la vie éternelle. Le créateur de l'univers et le maître de l'histoire veut que tous les humains soient sauvés. Il aime chacun de ses enfants et ne veut pas qu'un seul se perde. «Si Dieu est Amour, écrivait Joseph Ratzinger, l'enfer devrait être impossible.» Et François Varillon renchérit: «Si quelqu'un dit que l'enfer existe, il se flatte d'avoir un renseignement que les chrétiens n'ont absolument pas.»

Sommes-nous enfermés dans le dilemme: si l'enfer existe, le Père n'est pas Amour? si l'enfer n'existe pas, nous ne sommes pas des êtres libres et responsables? De même que les yeux sont faits pour voir et les oreilles pour entendre, les humains sont faits pour être heureux. Le désir naturel de bonheur est d'origine divine; Dieu l'a mis dans le cœur de l'homme afin de l'attirer vers lui, qui seul peut le combler (nº 1718). Ma liberté s'exerce dans le choix des moyens pour atteindre le bonheur, mais elle est finie et faillible. Le Père ne veut faire le bonheur d'aucun de ses enfants malgré lui; mais quand chacun verra le Bonheur, toute sa liberté s'écriera: «Oui! Enfin te voilà, toi que j'ai parfois cherché jusqu'à m'en rendre malheureux!»

Le *Catéchisme de l'Église catholique* affirme clairement l'existence de l'enfer et le présente constamment comme une possibilité réelle, mais ne dit jamais qu'un être humain en particulier s'y trouve (nos 1033-1036). Dieu ne prédestine personne à aller en enfer. Dans le catéchisme publié en 1985, la Conférence épiscopale allemande enseigne paisiblement: «Ni la Sainte Écriture, ni la tradition doctrinale de l'Église, ne disent clairement d'un homme en particulier qu'il se trouve effectivement en enfer.» Existe-t-il un être humain qui ait fait définitivement son choix contre Dieu?

À une sœur qui lui demandait un jour si elle croyait à l'enfer, sainte Thérèse de l'Enfant-Jésus, maintenant docteure de l'Église, aurait répondu: «Je crois à l'enfer, parce que l'Église le dit, mais je pense qu'il est vide.» Cette jeune femme, morte à 24 ans, avait une telle contemplation de l'amour miséricordieux qu'elle a pu prononcer cette parole étonnante. Le théologien et penseur danois S. Kierkegaard (1813-1855) s'exprime de façon bouleversante: «Pour moi, une chose est sûre: tous les autres hommes seront bienheureux, et c'est bien assez — pour moi seul la chose est incertaine.» La perspective de l'enfer n'est pas quelque chose qui regarde les autres, mais qui me concerne personnellement. Il faudrait de ma part un refus formel et définitif pour y être jeté. À celui qui demandait à sainte Jeanne d'Arc si elle était en état de grâce, elle répondait: «Si j'y suis, Dieu m'y garde, si je n'y suis pas, Dieu m'y mette.» Nous ne pouvons qu'espérer pour tous. C'est mieux ainsi. «Notre salut est objet d'espérance.» (Rm 8, 24)

Par la puissance de l'Esprit Saint, le Père peut donner la vie de l'âme à des pécheurs, la vie du corps aux défunts et la lumière de la foi à ceux qui l'ignorent (n° 298); il peut aussi élever gratuitement tout humain à la communion avec lui (n° 367).

Le ciel

Le ciel est la fin ultime et la réalisation des aspirations les plus profondes de l'homme, l'état de bonheur suprême et définitif (nos 1024; 1711). À partir des indications de la Sainte Écriture, nous ne pouvons pas imaginer de façon précise le ciel (ou l'enfer). La vie «par-delà la mort» sera un autre mode d'existence de l'homme tout entier. Le Père nous accueillera auprès de lui, dans la lumière. Le voir sera un instant éternel de bonheur.

Pour aller plus loin

La lecture quotidienne de la Bible est une grande source d'espérance; elle nous permet de cheminer vers le bonheur. La grande histoire du salut nous rappelle que notre vie est aussi une histoire sainte, un long dialogue entre le péché et la miséricorde. Le Père punit jusqu'à la quatrième génération, mais pardonne jusqu'à la millième. La miséricorde est sans proportion avec la punition. Il est tellement juste qu'il ne condamne jamais.

La participation active et fervente à la messe dominicale nous plonge dans le bain du salut. Cette célébration hebdomadaire nous relance sans cesse sur le chemin de l'amour de Dieu et de ceux qui nous entourent. Au sortir de la messe, nous sommes invités à regarder toute personne comme un frère ou une sœur et à résister à toute forme d'exclusion fondée sur le sexe, l'orientation sexuelle, la race, la nationalité, la couleur de la peau, la langue, la culture, la religion, la condition sociale ou le handicap physique. Toute discrimination touchant les droits fondamentaux de la personne est contraire au dessein de Dieu (*Gaudium et Spes*, n° 29). Le don du corps reçu dans la communion appelle au don de soi dans le service et le respect d'autrui. Alors que la célébration permet aux enfants du Père de l'adorer d'un cœur sans partage, le «lavement des pieds» les invite à avoir pour tout homme une vraie charité.

Réjouis-toi! Tu retrouveras au ciel Pierre et Judas, les deux larrons, tes amis et tes ennemis, bref toute l'humanité. Vis comme un enfant du Père et contribue au bonheur des autres. Le mot de Paul aux chrétiens de Corinthe garde toute son actualité: «Ainsi donc, mes frères bien-aimés, montrez-vous fermes, irréprochables, toujours en progrès dans l'œuvre du Seigneur, sachant que votre labeur n'est pas vain dans le Seigneur.» (1 Co 15, 58)

8

UN «BILLET» POUR LE CIEL

Nous vivons dans une grande histoire de salut. La bonté du Père céleste enveloppe toute la destinée de ses enfants. Le Jésus de Matthieu nous parle d'une façon étonnante du salut de l'humanité entière dans un passage que l'on comprend souvent bien mal.

> Quand le Fils de l'homme viendra dans sa gloire, et tous les anges avec lui, alors il siégera sur son trône de gloire. Toutes les nations seront rassemblées devant lui; il séparera les hommes les uns des autres, comme le berger sépare les brebis des chèvres: il placera les brebis à sa droite, et les chèvres à sa gauche. Alors le Roi dira à ceux qui seront à sa droite: «Venez, les bénis de mon Père, recevez en héritage le Royaume préparé pour vous depuis la création du monde. Car j'avais faim, et vous m'avez donné à manger; j'avais soif, et vous m'avez donné à boire; j'étais nu, et vous m'avez habillé; j'étais malade, et vous m'avez visité; j'étais en prison, et vous êtes venus jusqu'à moi!» Alors les justes lui répondront: «Seigneur, quand est-ce que nous t'avons vu...? tu avais donc faim, et nous t'avons nourri?

> tu avais soif, et nous t'avons donné à boire? tu étais un étranger, et nous t'avons accueilli? tu étais nu, et nous t'avons habillé? tu étais malade ou en prison... Quand sommes-nous venus jusqu'à toi?» Et le Roi leur répondra: Amen, je vous le dis: chaque fois que vous l'avez fait à l'un de ces petits qui sont mes frères, c'est à moi que vous l'avez fait.» Alors il dira à ceux qui seront à sa gauche: «Allez-vous-en loin de moi, maudits, dans le feu éternel préparé pour le démon et ses anges. Car j'avais faim, et vous ne m'avez pas donné à manger; j'avais soif, et vous ne m'avez pas donné à boire; j'étais un étranger, et vous ne m'avez pas accueilli; j'étais nu, et vous ne m'avez pas habillé; j'étais malade ou en prison, et vous ne m'avez pas visité.» Alors ils répondront, eux aussi: «Seigneur, quand est-ce que nous t'avons vu avoir faim et soif, être nu, étranger, malade ou en prison, sans nous mettre à ton service?» Il leur répondra: «Amen, je vous le dis: chaque fois que vous ne l'avez pas fait à l'un de ces petits, à moi non plus vous ne l'avez pas fait.» Et ils s'en iront, ceux-ci au châtiment éternel, et les justes, à la vie éternelle.» (Mt 25, 31-46)

Dans cet étonnant récit fictif, Jésus nous parle du Jugement dernier et de l'entrée dans la vie éternelle. Il enseigne par les extrêmes, comme il le fait souvent. Il oppose les brebis et les chèvres, les bons et les méchants, ceux qui auraient toujours fait le bien et ceux qui ne l'auraient jamais fait. Cet enseignement nous laisse deviner que la vérité se trouve quelque part entre les deux extrêmes: il n'y a personne qui rende toujours service comme il n'y a personne qui ne rende jamais service. Tout geste de bonté, comme tout acte de charité, couvre une multitude de péchés et constitue un billet pour le ciel. Nous rencontrons Jésus dans les pauvres, les faibles, les proscrits, les persécutés, les malades, les prisonniers et les mourants, mais aussi en toute personne que nous côtoyons et qui a besoin de nous; chaque fois que nous contribuons au bonheur de quelqu'un, nous le faisons à Jésus qui nous dira: «Viens, béni de mon Père.»

Dans cette parabole, Jésus donne six exemples: celui qui a faim ou soif, celui qui est étranger ou nu, celui qui est malade ou en prison. Mais on peut élargir l'éventail: tout ce qui est fait pour venir en aide à un être humain dans le besoin rejoint Jésus. Chacun sera jugé sur sa charité en actes envers ses frères. Curieusement, nul critère de foi doctrinale n'est évoqué: au dernier jour la charité gardera la primauté sur la recherche de la vérité. On ne demandera pas: «Étais-tu chrétien, musulman ou bouddhiste?», mais bien plutôt: «As-tu contribué au bonheur des autres?» Personne n'est totalement mauvais comme personne n'est entièrement bon. En chaque être humain se trouvent le meilleur et le pire. Aucun homme n'est condamné.

Je visitais un jour une religieuse âgée et alitée. Elle se demandait si Dieu l'aimait. Tout en parlant, elle en vint à me dire qu'elle avait travaillé dans la cuisine d'un grand hôpital pendant quarante ans. Je n'ai pu m'empêcher de lui dire: «Vous avez un billet tout droit pour le ciel!» Elle n'osait y croire. Arrête-toi un moment à revoir ton passé et prends conscience que tu as, toi aussi, un billet pour le ciel. Combien de fois dans ta vie n'as-tu pas fait plaisir, rendu service, manifesté de la bonté, donné généreusement, préparé des repas, visité un malade, offert l'hospitalité? Ton travail de chaque jour pour assurer le bien-être des tiens, ton service dans la communauté, ton dévouement dans la société, ton bénévolat, tes efforts de créativité et d'imagination pour agrémenter la vie de ceux qui t'entourent, ton travail pastoral, tout cela constitue ton billet pour le ciel. «Viens, béni de mon Père, c'est toujours à moi que tu l'as fait.» Personne ne peut toujours rendre service, faute de temps, de moyens, de disponibilité, de compétence et même de volonté. Chacun a ses limites. Mais tu as manifesté de la bonté et de l'amour autour de toi des milliers, des millions de fois durant ta vie. Ce beau texte de Matthieu permet d'espérer le salut de l'humanité entière. La Bonne Nouvelle, la pointe du récit, se trouve dans la première partie.

La deuxième partie du texte ne sert qu'à confirmer la première: «Fais-le le plus souvent possible, car c'est toujours Jésus que tu rejoins.» Ta charité quotidienne te vaut le pardon quotidien de tes péchés et t'assure un billet pour le ciel. Nous retrouvons ainsi l'unique commandement: aimer Dieu et son prochain. Ton labeur n'est jamais vain dans le Seigneur.

Le Jugement dernier

Le *Catéchisme de l'Église catholique* parle du Jugement dernier dans une perspective de salut. Certes, ce

Jugement révélera jusque dans ses ultimes conséquences ce que chacun aura fait de bien ou omis de faire durant sa vie terrestre (n° 1039) et le Père récompensera le bien accompli et compensera toutes les omissions par une réparation éternelle.

> Le Jugement dernier interviendra lors du retour glorieux du Christ. Le Père seul en connaît l'heure et le jour, Lui seul décide de son avènement. Par son Fils Jésus-Christ Il prononcera alors sa parole définitive sur *toute* l'histoire. Nous connaîtrons le sens ultime de *toute* l'œuvre de la création et de *toute* l'économie du salut, et nous comprendrons les chemins admirables par lesquels sa Providence aura conduit *toute chose* vers sa fin ultime. Le Jugement dernier révélera que la justice de Dieu triomphe de *toutes les injustices* commises par ses créatures et que son amour est plus fort que la mort. (n° 1040) (Je souligne.)

De quelle façon le Père triomphera-t-il de «toutes les injustices commises par ses créatures»? En punissant? en torturant? en faisant souffrir? en faisant pleurer? Le Père se transformera-t-il en bourreau dans l'au-delà? Certes non! Il triomphera de l'excès du mal en compensant par un excès de bonheur. Malgré les drames du péché et du mal, tous les hommes sont appelés à la même fin ultime: Dieu lui-même (n°s 1260; 1855; 1878; 2258). Dieu notre Père nous appelle tous à sa propre béatitude et à la communion avec lui.

> Oui, en tout cela nous sommes les grands vainqueurs grâce à celui qui nous a aimés. J'en ai la certitude, ni

> la mort ni la vie, ni les esprits ni les puissances, ni le présent ni l'avenir, ni les astres, ni les cieux, ni les abîmes, ni aucune autre créature, rien ne pourra nous séparer de l'amour de Dieu le Père qui est en Jésus Christ notre Seigneur. (Rm 8, 37-39)

Au jour du Jugement, le Père gardera le bon grain de nos vies et nous libérera de l'ivraie. Lorsqu'il engrangera la moisson de l'histoire, tout ce que les hommes auront accompli par amour entrera avec eux dans l'éternité. La parabole des dix jeunes filles nous rappelle que nous devons avoir une réserve d'huile. De quoi s'agit-il? Notre réserve d'huile, c'est notre charité quotidienne. De là vient l'importance de tenir bon jusqu'à la fin dans la charité. Jésus nous suggère de multiplier nos talents par deux, par cinq et par dix pour contribuer au bonheur des autres. Il ne faut jamais cesser d'apprendre, chacun selon ses intérêts, bien assurés que le meilleur sera toujours en avant. Reprenons les mots du concile Vatican II:

> Ces valeurs de dignité, de communion fraternelle et de liberté, tous ces fruits excellents de notre nature et de notre industrie, que nous aurons propagés sur terre selon le commandement du Seigneur et de son Esprit, nous les retrouverons plus tard, mais purifiés de toute souillure, illuminés, transfigurés, lorsque le Christ remettra à son Père «un royaume éternel et universel: royaume de vérité et de vie, royaume de sainteté et de grâce, royaume de justice, d'amour et de paix». (*Gaudium et Spes*, n° 39)

Une histoire de salut

La lecture quotidienne de la Bible nous amène à découvrir la grande histoire du salut qui court de la *Genèse* à l'*Apocalypse*. Dieu le Père veut que tous ses enfants soient sauvés. Personne n'est exclu de son amour. Pendant des siècles, on a cru au petit nombre des élus. Les hommes d'Église ont répété une pensée de saint Augustin (354-430):

> Il se fait dès lors un partage dans le genre humain, qui montre ce que peut, dans les uns, une grâce miséricordieuse, dans les autres, une juste vengeance. Sans ce partage, les deux ne se verraient pas; car si tous les hommes restaient plongés dans la peine de la juste condamnation, nul ne manifesterait la grâce miséricordieuse du rédempteur; et, par contre, si tous passaient des ténèbres à la lumière, nul ne montrerait la rigueur de la justice. Et si le nombre des maudits est plus grand que celui des rachetés, c'est pour que l'on voie ce qui serait dû à tous. (*La Cité de Dieu,* XXI, 12)

La doctrine de la «masse de perdition» était née. L'horrible et effrayante affirmation du petit nombre des élus sera reprise par les représentants les plus éminents de la pensée chrétienne occidentale: saint Bonaventure, saint Thomas d'Aquin, Luther, Calvin. Plus de mille ans après le docteur d'Hippone, saint Robert Bellarmin (1542-1621) utilise des images effroyables pour parler du petit nombre des sauvés:

> Le nombre des réprouvés sera semblable à la multitude des olives qui tombent à terre, quand on a secoué l'olivier; le petit nombre des élus sera comparable aux quelques olives qui, ayant échappé à la main des secoueurs, sont restées au sommet des branches et seront détachées à part.

Le 17e concile œcuménique de Florence, dans le décret pour les Jacobites (4 février 1442), interprète de façon stricte l'adage ancien: «Hors de l'Église, point de salut», et affirme qu'il faut appartenir visiblement à l'Église catholique romaine pour être sauvé.

> La sainte Église romaine croit fermement, professe et prêche qu'aucun de ceux qui vivent en dehors de l'Église, non seulement les païens mais aussi les juifs ou les hérétiques et les schismatiques, ne peut avoir part à la vie éternelle, mais qu'ils iront au feu éternel «préparé pour le diable et ses anges», sauf si avant la fin de leur vie ils sont réunis à l'Église; que l'unité du corps de l'Église est si importante que les sacrements de l'Église servent au salut de ceux-là seuls qui demeurent en elle; que les jeûnes, les aumônes, les autres œuvres de piété et exercices de la milice chrétienne produisent pour eux seuls des récompenses éternelles. Personne, si grandes soient ses aumônes, eût-il versé son sang pour le nom du Christ, ne peut être sauvé s'il ne demeure dans le sein et dans l'unité de l'Église catholique. (G. Dumeige, *La foi catholique*, nº 433)

S'en vont donc au feu éternel les païens, les juifs, les hérétiques et les schismatiques! Même verser son sang pour le Christ ne sauve pas! Il s'agit sans doute d'une erreur infaillible! C'est apparemment la faillite de la rédemption: ceux du dehors ne se sauvent pas, et parmi ceux du dedans, bien peu y parviennent.

En 1762, le P. Gravina, jésuite de Sicile, édite le livre d'un de ses confrères et y ajoute un chapitre de son cru sur le nombre des élus, où il affirme que la majeure partie de l'humanité sera sauvée. Il attaque de front l'opinion contraire, admise depuis plus d'un millénaire. La Congrégation de l'Index condamnera le livre en 1772. Deux siècles plus tard, en 1967, le cardinal Marella écrit une brève *Présentation de la foi catholique*, destinée aux non-croyants, où il dit: «Aucun homme ne peut juger si quelqu'un a encouru un tel malheur [l'enfer]. Dieu seul sait quels sont ces hommes et s'il y en a.» Le *Catéchisme pour adultes* de l'épiscopat allemand, publié en 1985, affirme sans l'ombre d'une hésitation: «L'Écriture ne nous dit pas si, de fait, un homme a jamais opté d'une manière absolument définitive contre Dieu.»

Pour aller plus loin

Lisez la Bible en y cherchant toujours et partout le salut. L'homme est absolument incapable de se sauver lui-même; son salut ne peut venir que de Dieu seul. L'eucharistie dominicale nous rappelle sans cesse la volonté de salut de Dieu notre Père et ouvre à tous une fenêtre sur l'éternité. Par ailleurs, au sortir de la messe dominicale, nous sommes invités, entre autres, à pratiquer les grandes œuvres de la miséricorde corporelle: donner à manger à ceux qui ont faim, offrir à boire à ceux qui ont soif, fournir des vêtements à ceux qui en ont besoin, faire de la place aux étrangers, visiter les malades et les prisonniers, enterrer les morts. Notre amour pour Dieu le Père doit s'incarner et se concrétiser dans l'amour quotidien à l'égard de nos frères et sœurs. Une charité sans défaut est un billet pour le ciel.

> Si quelqu'un dit: «J'aime Dieu», et qu'il haïsse son frère, c'est un menteur. (1 Jn 4, 20)

Réjouis-toi! Le Père te donne un billet pour le ciel. Ta charité de chaque jour remplit ta réserve d'huile. Tu es prêt pour le retour du Maître.

9

PRIE DANS LE SECRET

La loi nouvelle ou loi évangélique est l'œuvre du Christ et s'exprime particulièrement dans le sermon sur la montagne. Cette loi accomplit, affine, dépasse et mène à sa perfection la législation ancienne. Elle s'adresse à ceux qui sont disposés à accueillir avec foi l'espérance nouvelle du Royaume des cieux: les pauvres, les humbles, les affligés, les cœurs purs, les persécutés à cause du Christ. Lisons ce que le Jésus de Matthieu nous dit de la prière dans le discours sur la montagne.

> Et quand vous priez, ne soyez pas comme ceux qui se donnent en spectacle: quand ils font leurs prières, ils aiment à se tenir debout dans les synagogues et les carrefours pour bien se montrer aux hommes. Amen, je vous le déclare: ceux-là ont touché leur récompense. Mais toi, quand tu pries, retire-toi au fond de ta maison, ferme la porte, et prie ton Père qui est présent dans le secret; ton Père voit ce que tu fais dans le secret: il te le revaudra. Lorsque vous priez, ne rabâchez pas comme les païens: ils s'imaginent qu'à force de

paroles ils seront exaucés. Ne les imitez donc pas, car votre Père sait de quoi vous avez besoin avant même que vous l'ayez demandé. Vous donc, priez ainsi: Notre Père, qui es aux cieux, que ton nom soit sanctifié. Que ton règne vienne; que ta volonté soit faite sur la terre comme au ciel. Donne-nous aujourd'hui notre pain de ce jour. Remets-nous nos dettes, comme nous les avons remises nous-mêmes à ceux qui nous devaient. Et ne nous soumets pas à la tentation, mais délivre-nous du Mal. Car, si vous pardonnez aux hommes leurs fautes, votre Père céleste vous pardonnera aussi. Mais si vous ne pardonnez pas aux hommes, à vous non plus votre Père ne pardonnera pas vos fautes. (Mt 6, 5-15)

Jésus se préoccupe de la prière de ses disciples. Il veut qu'ils prient, qu'ils prient beaucoup et avec insistance. Il faut avoir la ténacité de l'ami importun qui dérange en pleine nuit et finit par recevoir tout ce dont il a besoin ou encore le courage de la veuve qui insiste auprès du juge inique et réussit à obtenir gain de cause. Bref, il faut prier sans cesse et ne pas se décourager. La prière est un don que l'on peut se disposer à recevoir dans le recueillement et le silence, et par une certaine discipline de vie.

Le Notre Père

Nul chrétien ne peut vivre sans prier, mais qui faut-il prier? Le Père. Le Notre Père est la prière de la loi nouvelle. Dans le Nouveau Testament, le mot «Père» devient la désignation pure et simple de Dieu. Dire «Dieu le Père» est un pléonasme. Appeler Dieu «Père», c'est entrer dans la profondeur insondable de son mystère. Ce mot doit être compris comme un terme symbolique. «Il désigne Dieu comme l'origine première et transcendante de toute réalité, la source vitale créatrice qui protège l'homme et veille sur lui, qui l'aime et le prend en pitié.» Le *Catéchisme de l'Église catholique* s'ouvre sur ce mot (n° 1). Toute l'originalité de la prière de Jésus tient dans un mot araméen, sa langue maternelle: *Abba*. Cette appellation est tellement nouvelle et étrange qu'elle ne peut venir que de Jésus lui-même. Le Père est un «je» qui peut nous parler et un «tu» à qui nous pouvons parler. La liturgie invite la communauté à dire «Notre Père». Certains d'être aimés, les enfants rassemblés prient le Père avec une simplicité sans détour, une confiance filiale, une joyeuse assurance, une humble audace (n° 2778). Le Père nous aime toujours le premier et toujours sans réserve, si bien qu'il ne nous fera jamais de mal, ni à nous ni à personne.

Le Père «qui est aux cieux» n'est pas loin, mais au-delà de tout. Le ciel, c'est le domaine même de Dieu. Comme tel, Dieu est plus vrai et plus proche que tout père terrestre. Tout être humain participe de quelque façon au mystère filial, le plus souvent à son insu. Le Père céleste est notre Père, celui de tous les disciples et de toute l'humanité.

«Que ton nom soit sanctifié», que tous reconnaissent que tu es un Père saint. La sainteté signifie que

Dieu est infiniment au-dessus du monde et du péché. Sa paternité le rend proche de nous. Il faut affirmer à la fois l'éloignement et la proximité pour rendre justice à son mystère insondable.

«Que ton Royaume advienne.» Un roi exerce sa royauté — il règne — sur des sujets qui forment son royaume. Un père exerce sa paternité sur des enfants qui forment sa famille. Que ta grande famille devienne réalité! (nos 542; 2233) Que tous les humains prennent conscience de leur condition de fils et de filles et acceptent d'appartenir à la famille de Dieu. Au cri de triomphe de l'eschatologie israélite: «À Yahvé sera l'empire!» (Ab 21) et à la proclamation du règne de Yahvé à Sion: «Il est roi, ton Dieu!» (Is 52, 7), correspond l'affirmation chrétienne de la paternité du Créateur: «Abba!» (Rm 8, 15) L'Ancien Testament dit souvent que Dieu est roi et qu'il règne; le Nouveau Testament parle plutôt de son Royaume et de sa paternité. Le Roi d'Israël devient le Père de l'humanité. Le Royaume, le nouveau peuple de Dieu, le monde réconcilié, l'humanité nouvelle, c'est la grande famille du Père.

«Que ta volonté soit faite.» Que ton dessein bienveillant se réalise pleinement! Or, la volonté du Père, c'est d'élever ses enfants à la communion avec lui. Puissent-ils se conduire entre eux comme des frères et des sœurs, sur la terre comme au ciel. Voilà le Royaume enfin advenu! Certains redoutent cette demande. Ils s'imaginent que de multiples épreuves vont leur pleuvoir sur la tête. Dieu notre Père ne veut que notre bien et ne nous fera jamais de mal. La vie, les événements, les personnes peuvent nous blesser, non le Père du ciel. Qu'il veuille bien répandre sur nous la bonne chose par excellence, l'Esprit Saint, qui nous conduit imperceptiblement vers la vérité tout entière et crie en nos cœurs: «Abba! Papa!» Toute la famille humaine arrivera un jour à la béatitude éternelle, par des voies que souvent le Père seul connaît.

«Donne-nous aujourd'hui notre pain de ce jour.» Accorde-nous ce qui est nécessaire à la vie et dont le pain est le symbole. Donne-nous le pardon de chaque jour, car nous sommes bien impuissants à conformer notre volonté à la tienne. Redis-nous la parole qui nous révèle ton projet bienveillant sur le monde. Fais-nous le don du pain de la terre et de celui qui vient du ciel, le pain de vie. Comble-nous de paix, de la plénitude de tous les biens, bref offre-nous le salut.

«Pardonne-nous nos offenses.» «Venez donc et discutons, dit le Seigneur. Si vos péchés sont comme l'écarlate, ils deviendront comme la neige. S'ils sont rouges comme le vermillon, ils deviendront blancs comme la laine.» (Is 1, 18) Le Père est riche en miséricorde à cause de l'amour infini dont il nous aime. En retour, la miséricorde est la vertu des fils créés à la ressemblance de leur Père. «Soyez miséricordieux comme votre Père est miséricordieux.» Soyez envers autrui comme le Père est envers vous, sans jugement ni condamnation. C'est là votre perfection et celle du Père qui fait lever son soleil sur les bons et les méchants et pleuvoir sur les justes et les injustes. «Pardonnez-vous mutuellement comme Dieu le Père vous a pardonné dans le Christ. Oui, cherchez à imiter Dieu, comme des enfants bien-aimés.» (Ep 4, 32—5, 1) Le Dieu qui demande d'aimer les ennemis et de leur pardonner est le premier à en donner l'exemple. Il aime même ceux qui ne l'aiment pas. «Et quand vous êtes là, en train de prier, si vous avez quelque chose contre quelqu'un, pardonnez-lui, pour que le Père qui est aux cieux vous pardonne aussi vos fautes.» (Mc 11, 25)

«Ne nous soumets pas à la tentation.» La tentation ultime, l'apostasie fondamentale, consisterait à renier le Père: «Je n'ai pas de père.» Blasphème irrémissible! Celui qui renierait absolument son état d'enfant retournerait sans doute au néant. L'unique tentation de Jésus au désert concerne son Père. Le tentateur lui suggère de s'émanciper et de se faire du pain par ses propres forces. N'est-il pas le Fils de Dieu? Satan l'invite ensuite à exploiter son Père en l'obligeant à intervenir: «Jette-toi du pinacle du Temple en bas.» Le démon lui propose enfin de se tourner vers lui pour recevoir puissance et gloire. Jésus résiste à toute tentation en acceptant parfaitement sa condition de fils. Il se reçoit du Père, source et origine de tout dans la Trinité comme dans la création.

Il est probablement impossible de renier absolument le Père, de récuser toute forme de dépendance par rapport à lui. Celui qui y prétendrait saurait-il vraiment ce qu'il fait? S'il parvenait à saisir que le Père l'aime sans condition, sans mesure, sans illusion, sans regret, comment réagirait-il? S'il est agréable de découvrir que nous aimons Dieu, il est bien plus merveilleux de prendre conscience que le Père nous aime. Notre amour est bien limité, alors que le sien est infini. Quand l'enfant rencontrera son Père du ciel, il basculera dans l'action de grâce pour l'éternité. «Père, pourquoi m'as-tu attendu si longtemps? — Parce que je t'ai toujours aimé.» Chaque individu, même un petit enfant, possède aux yeux du Père une valeur infinie. La vie de tout homme est enveloppée dans l'amour rédempteur insondable du Père. Tous sont invités à consentir pleinement à la paternité de Dieu. Si le rôle du Mauvais est de nous conduire au reniement, celui du Père est de nous protéger contre les astuces du tentateur.

«Délivre-nous du Mal.» Quant au Mauvais, c'est un mystère opaque. Autant le laisser à lui-même. Le mal, par ailleurs, existe trop; il fait scandale. «Seul l'excès de béatitude répondra à l'excès du mal.» Le Père compensera la mesure sans mesure du mal par un excès de bonheur donné jusqu'à la démesure. Si l'on peut oublier ou méconnaître le Père, ce dernier ne cesse d'appeler tout homme à le chercher pour qu'il vive et trouve le bonheur (n° 30). L'Évangile annonce la victoire définitive du Christ sur toutes les formes du mal; alors il remettra le Royaume à son Père qui sera tout en tous.

Pricr dans le secret

Quand tu pries dans le secret, utilise le petit mot qui te servait à interpeller ton père quand tu étais enfant, et adresse-le au Père du ciel. C'est un privilège extraordinaire que de pouvoir employer une apostrophe intime et familière pour appeler le Créateur du ciel et de la terre. «Dieu le Père a envoyé dans nos cœurs l'Esprit de son Fils qui crie: Abba! Papa!» (Ga 4, 6) Nous commençons ainsi à faire l'expérience de notre relation filiale. La joie de Dieu, c'est d'être notre Père; la nôtre, d'être ses enfants dans le Fils par excellence. Déjà l'Esprit nous pousse à prier avec la familiarité d'un enfant parlant à son père.

À l'âge de 26 ans, en 1727, Marguerite Dufrost de Lajemmerais, la future sainte Marguerite d'Youville, découvre le visage paternel de Dieu. Elle écrira en 1766: «Souvent nous importunons, mes Sœurs et moi, notre divin Sauveur et son divin Père qui fait l'objet de ma grande confiance depuis près de quarante ans...» Sa foi en la paternité divine s'exprimait dans une confiance illimitée en la Providence. Elle est devenue la mère à la charité universelle.

Plus d'un siècle et demi plus tard, Thérèse Martin (1873-1897), canonisée en 1925 et maintenant docteure de l'Église, parlera de Papa le Bon Dieu à partir de sa contemplation inouïe de la miséricorde du Père, au point de ressentir une grande réticence à l'égard d'un enfer éternel. Dans son acte d'offrande à l'amour miséricordieux, elle disait: «Au soir de cette vie, je paraîtrai devant vous les mains vides, car je ne vous demande pas, Seigneur, de compter mes œuvres. Toutes nos justices ont des taches à vos yeux. Je veux donc me revêtir de votre propre justice et recevoir de votre amour la possession éternelle de vous-même.»

Si ton père de la terre a été un être merveilleux de présence, de bonté et de tendresse, que son souvenir te serve de tremplin pour t'élancer vers le Père du ciel dans la prière. Si, au contraire, il a été absent ou défaillant, que le Père du ciel vienne combler les insuffisances de celui qui t'a engendré. Présent, absent ou défaillant, tout père sème au cœur de son enfant le désir d'un plus grand que lui. Notre recherche constante du bonheur n'est peut-être rien d'autre qu'une recherche insatiable du Père. Il sera le bonheur de tous ses enfants.

Prie ton Père dans le secret de ta chambre ou de ton cœur. Assis ou en marchant, répète son nom comme une invocation sans fin. Le temps que tu consacres à la prière silencieuse donne un sens toujours plus profond à ta vie et t'ouvre davantage à la vie selon l'Évangile. Au fil de ta prière abondante et persévérante, le désir de te conformer au projet de Dieu deviendra de plus en plus réalité. Moins on prie, moins on trouve le temps de prier. Plus on prie, plus on trouve le temps de prier. Fais de Dieu et du souci du Royaume l'essentiel de ta vie, et alors le monde changera autour de toi. La prière t'aide à t'accepter toi-même, à accepter les autres et le monde, parce que tu es accepté sans condition par le Père.

Une lecture priante de la Bible

Une lecture priante de la Bible peut devenir une source féconde de vie spirituelle. Comment faire? Trouve un endroit calme où tu peux t'asseoir. Fixe la durée de ton temps de prière en commençant, pour ainsi calmer ton imagination. Une longue période est préférable à deux courtes. Une demi-heure vaut mieux que deux fois un quart d'heure. Fais le signe de la croix pour te mettre paisiblement en présence du Père, du Fils et de l'Esprit Saint. Lis et relis lentement un passage de la Bible en t'appliquant à comprendre et accueille humblement cette parole semée en toi, afin qu'elle produise trente, soixante, cent pour un.

À partir du texte, formule une prière: une adoration, une louange, une action de grâce ou une demande selon le cas. Repose-toi enfin en répétant amoureusement «Abba» ou «Papa» ou tout autre mot que tu préfères, jusqu'à la fin de ton temps de prière. Si tu es distrait, dès que tu t'en rends compte, reviens paisiblement à ton mot de prière. Chaque retour est un acte d'amour; tu préfères le Père à la distraction qui te captivait. Le cœur demeure le lieu de la prière et de l'adoration véritable, de la rencontre et de la conversion. À la fin du temps prévu, fais le signe de croix.

Cette méthode est bien simple: s'asseoir, lire un peu, formuler quelques prières spontanées, puis répéter un mot de prière. Demeure à chaque étape aussi longtemps que tu y trouves du goût spirituel. Ces quelques indications veulent guider tes premiers pas, mais très vite l'Esprit te montrera ta voie. L'important, c'est d'aller à la prière et d'y rester le temps prévu. Le succès ne dépend pas de toi. Si tout va comme Dieu veut, ça va très bien. Même une prière aride est source de grand progrès spirituel.

Pour aller plus loin

Ce que tu vis seul dans le secret de ta chambre, tu es invité à le prolonger avec la communauté chrétienne à la messe du dimanche. Toute ta vie en sera illuminée. Lis la Bible et participe à l'eucharistie dominicale dans une recherche inlassable des biens spirituels. Au sortir de la célébration, tu peux incarner ton amour pour Dieu en pratiquant les œuvres de la miséricorde spirituelle: instruire ceux qui désirent apprendre, conseiller ceux qui doutent, consoler les affligés, réprimander les pécheurs, pardonner de bonne grâce à tous ceux qui t'ont offensé, supporter les personnes désagréables et prier pour tous. Le Père aime tous ses enfants; marche sur ses traces.

Réjouis-toi! Le Père a écrit ton nom dans le ciel et t'invite au grand dîner. Il t'assure un billet pour la vie éternelle. Consacre du temps à le prier dans le secret. «Aux jours d'espérance, soyez dans la joie; aux jours d'épreuve, tenez bon; priez avec persévérance.» (Rm 12, 12)

TOUS AU CIEL?

Toute la Bible est un long dialogue entre le péché et la miséricorde. La volonté de salut du Père est universelle et son dernier mot sur toute vie humaine sera toujours un mot de pardon. Cette bonne nouvelle concerne tous les hommes sans exception et se retrouve remarquablement dans le *Catéchisme de l'Église catholique*. Publié en 1992 et retouché de façon définitive en 1998, ce grand livre est offert à ceux qui veulent mieux connaître les richesses inépuisables du salut. Il emploie de nombreuses expressions englobantes: tous les hommes, toute l'humanité, toute la famille humaine, tous les humains, toutes les nations, tous les peuples, toutes les générations, tous les enfants de Dieu. Portons attention à ces formules qui n'excluent personne et découvrons l'universalité du salut dans cette synthèse bien catholique. Le pape Jean-Paul II nous invite à «utiliser assidûment» ce «texte de référence sûr et authentique». La «mosaïque» qui suit rapproche des textes dispersés dans tout le *Catéchisme* (CÉC, n° 18).

Les chiffres renvoient toujours aux paragraphes du document romain.

Le salut de l'humanité

Dieu veut que tous les hommes soient sauvés (1; 74; 843; 851; 1058; 1261; 2822) et que personne ne périsse (1037; 1371; 2822). Toujours efficace, sa volonté accomplit ce qu'elle désire (269). D'ailleurs s'il a enfermé tous les humains dans la désobéissance, c'est dans le but de faire à tous miséricorde (1870). Le Père des miséricordes est la source de tout pardon (1449); lui seul pardonne les péchés (431; 589; 1441). Sa miséricorde ne connaît pas de limites (1864).

Dieu a formé son peuple dans l'espérance du salut, dans l'attente d'une alliance nouvelle et éternelle destinée à toute la famille humaine. Les prophètes ont annoncé une rédemption radicale du Peuple de Dieu et un salut qui inclurait toutes les nations (64), toute l'humanité (72). Sans arrêt, Dieu montre sa sollicitude pour le genre humain, afin de donner la vie éternelle à tous ceux qui cherchent le salut (55). Les Apôtres ont ensuite transmis par leur prédication et par écrit, à toutes les générations, la Bonne Nouvelle que le Christ leur avait confiée (96).

Jésus et l'Esprit Saint offrent à tous les individus, d'une façon que le Père seul connaît, la possibilité d'être associés au mystère pascal (618; 848; 1260). Par sa mort, le Fils a vaincu la mort, ouvrant ainsi à tous la possibilité du salut (1019). Dans la liturgie eucharistique et les prières quotidiennes de ses fidèles, l'Église implore la miséricorde de Dieu pour que tous les hommes arrivent au repentir (1037) et soient sauvés (1821). Ceux qui cherchent sincèrement Dieu et s'efforcent d'accomplir sa volonté sont sauvés, même s'ils n'ont pas reçu le baptême (1281). Quant aux enfants morts sans baptême, la communauté chrétienne les confie à la miséricorde du Père (1283).

Par la puissance de l'Esprit Saint, le Père peut donner la vie de l'âme à des pécheurs, la vie du corps aux défunts et la lumière de la foi à ceux qui l'ignorent (298); il peut aussi élever gratuitement tout humain à la communion avec lui (367).

Les chrétiens intercèdent pour tous, même pour le salut de ceux qui repoussent l'Évangile (2636). Quand ils prient, ils adhèrent au dessein du Père qui envoie son Fils sauver le monde (2679). De plus, le souci divin de tous les hommes et de toute la création a animé tous les grands priants (2793). D'une façon bien spéciale, Marie, la Mère de Dieu, a épousé la volonté divine de salut (967); par son obéissance, elle est devenue, pour elle-même et pour tout le genre humain, cause de salut (494).

La révélation destinée à tous les humains

Dieu se donne à l'homme en révélant son mystère, le dessein bienveillant qu'il a formé de toute éternité dans le Christ en faveur de tous les peuples (50).

Pour que tous parviennent à la connaissance de la vérité, il faut que le Christ soit annoncé à toutes les nations et qu'ainsi la révélation arrive jusqu'aux extrémités de la terre. Cette révélation est donnée pour le salut de tous et Dieu prend des dispositions pour qu'elle soit transmise à toutes les générations (74). L'Église croit à la possibilité de parler de Dieu à tous les hommes et avec tous les hommes (39).

Tous appelés au Royaume

Tout être humain est créé à l'image et à la ressemblance de Dieu (225). Ce dernier a conclu avec Noé une alliance éternelle entre Lui et tous les vivants; elle durera tant que dure le monde (71). L'Écriture exprime quelle hauteur de sainteté peuvent atteindre ceux qui vivent selon l'alliance de Noé dans l'attente que le Christ rassemble dans l'unité tous les enfants de Dieu dispersés (58). Le peuple issu d'Abraham, le peuple d'élection, est appelé à préparer le rassemblement, un jour, de tous les enfants de Dieu dans l'unité de l'Église (60). De fait, Dieu le Père convoque tous les hommes de toutes les nations dans l'unité de sa grande famille, le Royaume (1; 542; 543; 2233), qui apportera à tous l'ordre définitif de la justice, de l'amour et de la paix (672).

Un amour sans exception ni exclusion

Le Père éternel appelle tous ses enfants à la communion de vie avec lui (542; 759). Il a l'initiative de l'amour rédempteur universel (604); cet amour est sans frontière (2793) ni exclusion (605). Par toute sa vie, Jésus récapitule en lui-même la longue histoire des hommes et leur procure le salut en raccourci (518). Le divin Rédempteur nous a tous connus et aimés durant sa vie, son agonie, sa passion; il s'est livré pour chacun de nous et porte l'amour de son cœur à tous sans exception (478).

La Providence à l'égard de tous

La divine Providence, ce sont les dispositions par lesquelles Dieu le Père conduit avec sagesse et amour toutes les créatures jusqu'à leur fin ultime (314; 321; 1040). Tous les peuples ont une seule fin ultime, Dieu lui-même, dont la Providence, les témoignages de bonté et les desseins de salut s'étendent à tous (842). Sa bonté et sa sollicitude aimante concernent tous ses enfants (239). De plus, les livres saints affirment la souveraineté absolue de Dieu sur le cours des événements. Tout ce qui lui plaît, il le fait. Il est le maître absolu de son dessein de salut (306), qui seul se réalisera (303), et sa seigneurie est totale sur le monde et l'histoire (304).

Universalité du péché, universalité du salut

Tout le genre humain est en Adam. Tous les hommes sont impliqués dans le péché d'Adam, comme tous le sont dans la justice du Christ (404). À l'universalité du péché, il faut opposer l'universalité du salut (402). Comme par la désobéissance d'un seul la multitude a été constituée pécheresse, ainsi par l'obéissance d'un seul la multitude sera constituée juste (615). Le nouvel Adam répare en surabondance la désobéissance du premier Adam (411). Jésus porte les péchés de la multitude et donne sa vie en rançon pour toute l'humanité (608), pour tous les hommes sans exception (605). Le Fils nous a tous réconciliés avec Dieu le Père; il a ainsi rétabli l'unité de tous en un seul Peuple et un seul Corps (813). Si tous meurent en Adam, tous revivront dans le Christ (655). Même Adam et Ève sont au ciel (635). La grâce ineffable du Christ nous a donné des biens supérieurs à ceux que l'envie du démon nous avait ôtés (412). «Ô bienheureuse faute qui a mérité un tel et si grand Rédempteur.» Partout où le péché abonde, la grâce surabonde (412; 420).

Une rédemption universelle et définitive

Jésus est l'unique médiateur auprès du Père en faveur de tous les hommes (2634). Sa passion accomplit la rédemption définitive de l'humanité et le sang répandu pour la multitude en rémission des péchés réconcilie toute la famille humaine avec Dieu (613).

Le Père est présent en la personne du Fils fait homme pour la rédemption universelle et définitive des fautes (432). Le péché étant universel (588), tous les membres de l'Église, y compris le clergé, doivent se reconnaître pécheurs (827; 1446). La descente aux enfers est la phase ultime de la mission messianique de Jésus, phase condensée dans le temps mais immensément vaste dans sa signification réelle: elle amène l'œuvre rédemptrice à tous les hommes de tous les temps et de tous les lieux, car tous ceux qui sont sauvés ont été rendus participants de la rédemption (634). Dieu veut que tous ses enfants aient finalement la vie (843).

La recherche du bonheur

Nous voulons tous être heureux. Le désir du bonheur est d'origine divine (1718); Dieu l'a mis en nous afin de nous attirer à lui (27) et de nous communiquer à sa propre béatitude (1719; 1934). La recherche de Dieu est aussi inscrite dans le cœur de chacun (2566). Si Dieu nous a créés sans nous, il n'a pas voulu nous sauver sans nous (1847), ni malgré nous (2575). La poursuite du bonheur et la quête, souvent inconsciente, de Dieu sont comme les deux mains de l'homme, toujours tendues vers le Père (27; 1718). Dans sa soif de vérité, de bonté et de beauté, comme dans son désir d'infini et d'absolu, tout individu reste ouvert à Dieu en qui seul réside le vrai bonheur (1723).

Apocatastase!

Le mot grec *apokatastasis* signifie «rétablissement complet» et ne paraît qu'une fois dans le Nouveau Testament (Ac 3, 21). L'entrée de la plénitude des juifs dans le salut messianique, à la suite de la plénitude des païens, donnera au Peuple de Dieu de réaliser la plénitude du Christ dans laquelle Dieu le Père sera tout en tous (674). La «restauration universelle» dont Dieu a parlé par la bouche de ses prophètes et qui transformera l'humanité et le monde, la Sainte Écriture l'appelle «les cieux nouveaux et la terre nouvelle». Cette «rénovation mystérieuse» sera la réalisation définitive du dessein du Père de ramener toutes choses, les êtres célestes comme les terrestres, sous un seul chef, le Christ (1043). Cette «consommation» sera la réalisation ultime de l'unité du genre humain (1045). Au dernier jour, le Royaume de Dieu arrivera à sa plénitude (1060) et le mystère du salut sera définitivement consommé (2855). La fin ultime de la création, c'est que le Père devienne tout en tous, en procurant à la fois sa gloire et notre béatitude (294).

Le Père sera tout en tous (1 Co 15, 28)

La création est un commencement qui tend vers un achèvement, vers la gloire du Royaume achevé où Dieu sera enfin tout en tous. La création n'est donc pas une réalité immobile; elle a un avenir. Pour l'homme, cet avenir n'est autre que le Père lui-même et la communion avec lui.

Le message de Jésus comporte une grande espérance; il annonce le Royaume du Père et répond ainsi au grand désir de paix, de liberté, de justice et de vie qui habite tout homme. Ce dernier doit d'abord chercher le Royaume où Dieu sera tout en tous.

Le Dieu tout-puissant n'est ni un despote ni un tyran, mais un Père infiniment bon. Nous ne sommes pas ses esclaves, mais ses fils et ses filles. Nous attendons encore le Royaume de liberté et de gloire sous sa forme achevée, «les cieux nouveaux et la terre nouvelle». Alors le Père sera tout en tous.

Que Dieu le Père nous conduise à la vie éternelle où il sera le bonheur de tous ses enfants à jamais!

MES SOURCES

Voici quelques-uns des livres dont je me suis particulièrement servi en rédigeant ces pages. Les titres sont présentés dans l'ordre de parution.

La Bible

J. Delumeau, *Le péché et la peur*. La culpabilisation en Occident (XIIIe — XVIIIe siècles). Paris, Fayard, 1983.

Conférence épiscopale allemande, *Catéchisme pour adultes*. La foi de l'Église. Brepols/Cerf/Le Centurion, 1987. (Traduction de l'original allemand publié en 1985.)

Les évêques de France, *Catéchisme pour adultes*. L'Alliance de Dieu avec les hommes. Paris, 1991.

Catéchisme de l'Église catholique. Paris, Mame/Plon, 1992.

B. Sesboüé, *Croire*. Invitation à la foi catholique pour les femmes et les hommes du XXIe siècle. Paris, Droguet & Ardant, 1999.

TABLE DES MATIÈRES

Collection

SÈVE NOUVELLE

5. MA VIE C'EST LE CHRIST, *C.J. Enzler*
19. ALBERIONE — PENSÉES, *Jacques Alberione*
34. APPEL AU MONDE D'AUJOURD'HUI, *Marielle*
42. SI TU VEUX, VIENS, SUIS-MOI, *René Pageau*
43. PAROLES POUR UN VOYAGE, *Yvon Poitras*
45. BONNE NOUVELLE POUR TOI, *Roger Poudrier*
46. EN VUE DU «GRAND DÉPART», *Lionel Bécotte*
47. LE SEIGNEUR EST MA JOIE, *John T. Catoir*
49. LA JOIE D'ÊTRE SAUVÉ, *Roger Poudrier*
50. UNE RÉPONSE D'AMOUR: THÉRÈSE MARTIN, *Fernand La Rochelle*
51. JE MARCHERAI VERS LA MER, *Yvon Poitras*
52. TOUTE À TOI, *Henri-Marie Guindon*
53. QUI AIME CONNAÎT DIEU, *Edmond Robillard*
54. LA PLUS JEUNE DES PROPHÈTES, *Christopher Rengers*
55. JE TE CHERCHE, TOI QUE J'AIME, *Louise Gosselin*
56. VIVRE À PLEINES SAISONS, *Poitras, Lever, Bernier*
57. MONTE AVEC MOI, *Ignace Larrañaga*
58. LE SILENCE DE MARIE, *Ignace Larrañaga*
59. DIEU M'A DONNÉ DE QUOI RIRE, *Roger Poudrier*
60. DANS LA MÉMOIRE DU SAUVEUR, *Bruno Forte*
61. ME LAISSER TRANSFIGURER, *Huguette Caron*
62. DEMAIN IL FERA SOLEIL, *Yvon Poitras*
63. AUSSITÔT, ILS LE SUIVIRENT..., *René Pageau*
64. COMME LE PAIN ROMPU, *Pierre van Breemen*
65. VOYEZ COMME ILS S'AIMENT, *René Pageau*
66. LE CHRIST, LUMIÈRE DES PEUPLES, *En collaboration*
67. AU CARREFOUR DES ÉCRITURES, *Ghislaine Salvail*
68. SUR LES PAS D'ABRAHAM, *Pierre Brunette*
69. COULEURS D'ÉVANGILE, *Jules Beaulac*
70. M'AIMES-TU PLUS QUE CEUX-CI? *René Pageau*
71. LE LANGAGE SECRET DES SIGNES, *Mariano Ballester*
72. LA VOIE DU DÉSIR, *Benoît Garceau*
73. COURAGES D'ÉVANGILE, *Jules Beaulac*
74. FRANÇOIS DE SALES OU LA PASSION DE L'AUTRE, *René Champagne*
75. JÉSUS NÉ DE MARIE, *René Pageau*
76. SUR LES AILES DE L'AMOUR, *Marie-Lou et Claude*
77. LE PÈRE SERA TOUT EN TOUS, *Roger Poudrier*

Achevé d'imprimer
en avril 2000 sur les presses de
Imprimeries Transcontinental inc.,
division Métrolitho

Imprimé au Canada — Printed in Canada